Los dones del Espíritu Santo

La gracia de Dios en acción

Omar Weber

EDITORIAL CONCORDIA • SAINT LOUIS

Propiedad literaria © 2010 Editorial Concordia
3558 South Jefferson Avenue, Saint Louis, Missouri, 63118-3968 U.S.A.
1-877-450-8694 • www.editorial.cph.org

Editor: Rev. Héctor E. Hoppe
Diseño de tapa y tipografía: Christiane Mancel
Ilustración de la tapa: Cover art © by Concordia Publishing House

Editorial Concordia es la división hispana de Concordia Publishing House.

Impreso en los Estados Unidos de América.

Contenido

Introducción

San Pablo, en su primera carta a los creyentes de Corinto, les dijo: "No quiero, hermanos, que ignoren acerca de los dones..." (1 Corintios 12:1). Lo cierto es que los dones revisten más importancia de la que a veces les concedemos. Muchos creyentes desconocen sus dones y otros tantos no encuentran el espacio y el momento para utilizarlos. El reconocimiento y el uso de los dones de acuerdo a la voluntad de Dios permitirán un crecimiento sano de nuestra fe, el desarrollo de la iglesia y el testimonio natural del creyente y de la iglesia en la sociedad.

Los problemas vocacionales, la disociación que existe entre la vida religiosa y la vida diaria, el doble trabajo que se vuelve cada vez más cansador, uno para vivir y el otro para servir, la frustración por tener que ocuparse en algo que no nos satisface, las exigencias de la iglesia a los creyentes para que participen más y mejor en las tareas de la iglesia, el trabajo solitario de algunos creyentes que sienten que si no lo hacen ellos nadie lo hará, las dificultades que las iglesias tienen para crecer, son algunos de los tantos aspectos que se relacionan directamente con el conocimiento y el ejercicio de los dones.

Los dones tienen que ver con la alegría, con la gracia de Dios, con lo que nos resulta grato, y que nos satisface plenamente. Dios los dispuso por medio de su Espíritu para enriquecer nuestras vidas y por medio de ellos testificar del amor de Dios en Cristo Jesús tanto a los creyentes como al mundo incrédulo. Cuando el creyente y su iglesia aprovechan esta gracia de Dios, en sus vidas se refleja esta alegría del Espíritu, el servicio no resulta una carga, y surgen hermosos frutos que llevan en su interior la semilla del evangelio que tanto necesita el mundo de hoy.

No sólo ignoramos la cantidad maravillosa de dones que Dios nos ha concedido sino también el modo en que debemos usarlos para que realmente resulten de beneficio para el reino de Dios. Necesitamos rever muchas de nuestras concepciones y prácticas acerca de los dones para acercarnos a la iglesia que Dios pensó para nosotros. No todo es tan difícil como a veces lo hacemos. Es mucho más simple. Vivamos nuestra fe con alegría, "porque mi yugo es suave y mi carga es liviana" (Mateo 11:30).

Capítulo 1

¿Qué son los dones para ti?

La respuesta a esta pregunta es la que determinará en gran manera la importancia que darás a tus dones y el uso que harás de los mismos en tu vida. Es que los dones no sólo tienen que ver con tu vida religiosa sino también con la vocación o la ocupación que elijas para tu vida. Muchas cosas resultarán mucho más simples cuando logres ampliar tu visión acerca de los dones que Dios te ha concedido, los cuales no son sólo para usar en algún trabajo dentro de la iglesia, sino que, bien aplicados resultarán de bendición para dignificar toda tu vida.

Para algunos creyentes los dones son como regalos, y así como disponen de ellos cuándo y cómo lo prefieren, así también disponen de los dones para usarlos cuando mejor les place. Los aceptan, los guardan, los abren, los aprecian, los esconden o los usan cuando mejor les parece. Para otros creyentes son como herramientas de trabajo que pueden resultar de gran utilidad para desarrollar las tareas de la vida y servir a los semejantes. Estas herramientas les dan la capacidad que requieren para trabajar más eficientemente. Hay otros creyentes que entienden los dones como manifestaciones espirituales que dan a conocer una realidad más profunda e invisible de la vida. Su provecho se da en la vida espiritual que es donde encuentran su verdadero significado.

Mientras que unos consideran los dones para disfrutarlos, otros para trabajar, y otros para vivir las realidades espirituales con mayor profundidad, todos reconocen que los dones son una dádiva de Dios.

Cada una de estas maneras de ver los dones responde a una determinada forma de entender los dones y lo que las Sagradas Escrituras enseñan acerca de ellos. Cuando podemos comprender de un modo más completo lo que son los dones, podremos disfrutarlos más plenamente; podremos servir mejor a quienes nos rodean; y podremos experimentar una relación más profunda y plena con el Señor y dador de la vida.

Los dones como regalos

> "Pero a cada uno de nosotros se nos ha dado gracia en la medida en que Cristo ha repartido los dones. Por esto dice: Cuando ascendió a lo alto, se llevó consigo a los cautivos y dio dones a los hombres" (Efesios 4:7-8)

Era costumbre de los reyes cuando regresaban victoriosos de la batalla repartir regalos entre el pueblo. Estos regalos eran para compartir su victoria con todo el pueblo, para hacerlo parte de su alegría y de su conquista. Nuestro Señor Jesucristo es este rey, que viene victorioso a celebrar su triunfo sobre el pecado, la muerte, y el diablo. Jesucristo reparte sus dones con el pueblo: el perdón, la vida y la salvación enviando su Espíritu al corazón del creyente quien recibe este regalo.

San Pablo cita el Salmo 68 en el cual ve en la cautividad a los enemigos de Cristo. Este salmo habla de la ascensión triunfante de Dios a su trono en el templo de Jerusalén, símbolo del trono celestial. Pero Pablo cambia la cita, y en lugar de que Dios "recibe dones de los hombres", toma de las interpretaciones rabínicas de aquellos días y le da un nuevo significado, y dedica este salmo a la obra de Cristo como quien, sentado a la diestra de Dios, comienza a reinar y comparte su victoria con el pueblo otorgándole los regalos conseguidos.

Por eso San Pablo habla de Cristo como el Rey que reparte dones entre su pueblo. Estos dones son regalos de gracia. Esto significa que no recibimos este regalo porque lo merecemos sino porque él lo quiere compartir con nosotros. Nada hay en nosotros que amerite recibir este regalo. Es sólo por la gracia de Dios que nos hace receptores de estos dones de nueva vida.

Estos regalos que Cristo comparte con nosotros en los dones sólo fueron posibles gracias a su descenso hasta lo más profundo de la tierra. Este descenso se refiere tanto a su humillación al hacerse un hombre y pisar nuestro suelo, como también a su muerte que fue de "lo más bajo y humillante", y al descenso a los infiernos para vencer al diablo y proclamar su victoria sobre el mal y la muerte. Su victoria sobre el pecado, el mal, y la muerte permitió conseguir los dones de perdón, salvación, y vida para todos los que creen en él.

Un regalo es una muestra de afecto, de alegría, y de generosidad, y pretende que quien lo recibe se sienta amado, feliz, y pleno. Y ésa es la razón por la que Cristo comparte su conquista de la vida con nosotros. Él quiere que tengamos en nuestra vida el amor de Dios, nos sintamos gozosos de la salvación, y tengamos una plenitud de vida de la que antes carecíamos. Los dones pretenden que nos sintamos felices de la nueva vida.

Los dones son regalos que Dios nos da para que disfrutemos su conquista y seamos parte de ella. Los dones quieren producir en nuestra vida más amor, más alegría, y más calidad de vida. ¡Una vida triunfante! ¡Qué hermoso es recibir regalos del cielo! Pero los regalos no son dados con dobles intenciones; su propósito es que quien los recibe los disfrute.

Hay creyentes que no entienden los dones como regalos de Dios, es más, no saben recibir regalos y por eso se sienten obligados a devolver el gesto de amor recibido. En esas angustiadas mentes desaparece la alegría y surge una obligación que pretende "pagar" por lo recibido. La gracia de Dios no se puede comprar con ningún esfuerzo. El creyente que así piensa necesitará aprender a reconocer su imposibilidad de ganar el favor de Dios a causa de su pecado y descansar en el amor de Dios demostrado en Cristo Jesús.

Pero los creyentes que reciben los dones como regalos de Dios, los comparten motivados por la gratitud y la alegría. Saben que no los merecían, que han resultado favorecidos por el amor y la gracia de Dios. Y si bien esto puede generarles un cierto temor por una bendición tan grande, el deseo por agradar a Dios y la alegría de la salvación los motivan una y otra vez a decir: "Si Dios fue tan bueno conmigo, ¡cómo no voy a ser bueno con los demás!"

Los dones como herramientas o capacidades

¡Cuántas cosas podríamos hacer en nuestra vida si tuviéramos las herramientas y la capacidad para utilizarlas! Con Dios todo es posible, y nada es imposible para Dios. La nueva vida que Dios nos regaló en Cristo Jesús puede llevar mucho fruto gracias a que Dios nos provee de las herramientas y de las capacidades. Con ellas podemos construir sobre el fundamento que él mismo ha puesto.

Cuando pensamos en herramientas y capacidades pensamos en trabajo. Esta realidad no es contraria a la idea de los dones como regalos. El gran regalo de la salvación, el amor recibido, y la alegría que desborda nuestro corazón nos motivan a vivir de acuerdo a la voluntad de Dios y no según los criterios que antes nos llevaban a hacer lo malo. Ese regalo nos motiva a consagrar nuestra vida a Dios y sentir un profundo deseo de servirle. Ese deseo por servir a Dios es la base para el interés acerca de los dones. A quien no le interesa saber cómo agradar a Dios, en realidad no le preocupa agradar a Dios. El Espíritu Santo es la savia nueva que corre en nosotros motivando el deseo de agradar a Dios con toda nuestra vida. San Pablo escribe a los Romanos (12:1-3):

> "Por lo tanto hermanos, tomando en cuenta la misericordia de Dios, les ruego que cada uno de ustedes en adoración espiritual, ofrezca su cuerpo como sacrificio vivo, santo y agradable a Dios. No se amolden al mundo actual, sino sean transformados mediante la renovación de su mente. Así podrán comprobar cuál es la voluntad de Dios, buena, agradable y perfecta. Por la gracia que se me ha dado, les digo a todos ustedes. Nadie tenga un concepto de sí más alto que el que debe tener, sino más bien piense de sí mismo con moderación, según la medida de fe que Dios le haya dado."

La mejor forma de agradar a Dios es adorarlo, y la mejor forma de adorar a Dios no consiste en rendirle un culto el fin de semana. La adoración que él quiere es que cada día busquemos hacer su voluntad en todo lo que hagamos con nuestro cuerpo. Para ello es necesario renovar la mente para no vivir de acuerdo a las costumbres del mundo sino a la voluntad de Dios; y para que esa mente esté capacitada es necesario ser humilde y pensar con cordura acerca de uno mismo, no creyendo que ya sabemos todo.

Para agradar a Dios y servirlo necesitamos de los dones que son las herramientas más apropiadas para realizar esta tarea. Los dones nos capacitan para servir a Dios y al prójimo como corresponde. Quien no entiende los dones como herramientas o capacidades no logra trabajar en el reino de Dios. Y como el trabajo dignifica, tampoco llega a sentirse digno respecto de los regalos que ha recibido de Dios. Estas herramientas puestas al servicio de Dios y del prójimo hacen que el creyente se sienta realizado en su fe, estable, y maduro.

Los dones pensados como herramientas son los instrumentos de los que nos valemos para realizar nuestro trabajo. Pero estos instrumentos hay que saber utilizarlos, por lo cual también es necesario entender o ser capaz de manejar estos dones de la mejor manera. Mientras que la herramienta es más bien un elemento externo, la capacidad es de orden interno o cognoscitivo. Los dones implican tanto lo externo como lo interno, ya que contar con una herramienta pero no tener la capacidad de usarla, no serviría de nada. El creyente a quien Dios ha concedido una hermosa voz pero no sabe cantar difícilmente pueda servir a Dios guiando el coro de la iglesia. Cabe añadir que toda herramienta o capacidad requiere de tiempo y dedicación para aprender su buen uso.

A algunos creyentes, al pensar en los dones como herramientas, les surge una sensación de cansancio propia del mucho trabajo que hay para hacer. Pero el trabajo que cansa y resulta tedioso suele ser el que surge de la obligación por agradar al patrón y conseguir su favor. En cambio, el trabajo que nace de la alegría y del querer compartir, no lleva encima ese peso del cansancio frustrante sino la satisfacción de haber hecho algo por los demás.

Existen pastores y líderes de la iglesia que consideran los dones como herramientas para el trabajo eclesiástico y por ello buscan involucrar de manera obligatoria a todos los creyentes a fin de que la tarea sea más liviana. Es comprensible su cansancio, pero el trabajo del reino de Dios es una tarea en la cual el creyente debe desear participar como parte de su nueva vida. Ése es el trabajo que quiere lo mejor para Dios y para el prójimo. El que es motivado por lo que ha recibido, quiere y necesita compartirlo con los demás, para ayudarlos, para edificarse, para crecer y sentirse realizado en su fe. Este deseo de servir es una necesidad que el Espíritu Santo despierta en el corazón del creyente que lo impulsa y anima a trabajar para los demás.

La vida cristiana no puede ser vivida apartada de las demás personas. Por eso Dios nos proveyó de una familia: la iglesia. No podemos ser personas solitarias dedicadas a Cristo, es decir, creyentes que se ocupan nada más que de sí mismos. Cualquier tarea centrada en uno mismo debe con el tiempo orientarse hacia las tareas dirigidas a otros. Del mismo modo en que Cristo vino para salvar y servir a otros, así nos pide que vayamos a otros con su mensaje de salvación y que les ayudemos a crecer dentro de la familia de la fe.

Dios no sólo nos llama a formar parte de una tarea sino que nos da también las herramientas y capacidades para realizarla. Cualquiera sea la tarea que él nos llame a hacer, nos capacita a la vez para cumplirla. Los dones como herramientas nos permiten sentirnos útiles en el reino de Dios.

LOS DONES COMO MANIFESTACIONES

Los dones, regalos del cielo, herramientas y capacidades de Dios, ciertamente son manifestaciones especiales en nuestro mundo. No es habitual lo que se observa en la vida de un creyente. Y todo lo que viene del cielo no puede dejarse de notar aquí en la tierra, porque Dios tiene un propósito muy especial con ello. San Pablo se preocupó de que los creyentes entendieran bien que los dones son manifestaciones espirituales de la fe.

> "A cada uno se le da una manifestación especial del Espíritu para el bien de los demás" (1 Corintios 12:7)

Cuando Pablo escribe estas palabras a la congregación de Corinto, los creyentes estaban un poco confundidos respecto de la forma en que se manifestaba la fe en cada cristiano. Estaban convencidos de que era la presencia del Espíritu Santo la que generaba la fe, pero el mismo Espíritu no se mostraba del mismo modo en cada creyente. Por eso algunos manifestaban su fe de un modo más bien espectacular, pero otros no tenían ese tipo de manifestaciones. Pero lo espectacular, o no, de la manifestación, no era lo que mostraba si era o no una manifestación del Espíritu Santo.

En todas las religiones ocurren manifestaciones espirituales, pero no son motivadas ni concedidas por el Espíritu Santo. El Espíritu Santo sólo se manifiesta espiritualmente en el creyente en Cristo Jesús. Por eso, cuando el Espíritu Santo está obrando, llamamos a esas manifestaciones, dones espirituales. Pero no todas las manifestaciones espirituales, proceden de Dios.

Ésta era una de las razones por la cual Pablo no quería que los corintios ignoraran acerca de los dones, porque los dones son las manifestaciones visibles de la presencia del Espíritu Santo en la vida del creyente. Estas manifestaciones revelan a Cristo, su presencia en la vida del creyente, lo cual brinda la seguridad de saberse hijo de Dios.

El Espíritu Santo siempre busca la exaltación de Jesús; pero cuando otro espíritu motiva a una persona, si bien puede mostrar cosas espectaculares, su finalidad no es la exaltación de Jesús. La exaltación de Jesús no es posible sin la presencia del Espíritu Santo y sin el reconocimiento y uso de los dones que él mismo nos ha conferido. Esto claramente aparece en el siguiente texto:

> "En cuanto a los dones espirituales, hermanos, quiero que entiendan bien este asunto. Ustedes saben que cuando eran paganos se dejaban arrastrar hacia los ídolos mudos. Por eso les advierto que nadie que esté hablando por el Espíritu de Dios puede maldecir a Jesús; ni nadie puede decir: Jesús es el Señor sino por el Espíritu Santo" (1 Corintios 12:1-3)

San Pablo habla de los dones como cosas espirituales, asuntos o manifestaciones del Espíritu. Lo que determina que esta manifestación sea realmente un don es su origen o procedencia y su destino o finalidad. Los dones espirituales provienen del Espíritu Santo y su finalidad es la exaltación de Jesús como el Señor. Toda manifestación que proviene de un corazón incrédulo o cuyo fin no es glorificar a Jesús como el Salvador, no es un don espiritual.

¿Por qué es tan importante entender que los dones además de ser regalos y herramientas son también manifestaciones del Espíritu Santo? Porque es la forma en que se hace visible la fe que el Espíritu Santo creó en nuestro corazón. Es el modo en que Dios quiere que yo exalte a Jesucristo y lo proclame como mi Salvador. Y cuando ejercemos nuestros dones motivados en el regalo que recibimos de Dios; capacitados con las herramientas que él mismo nos proveyó, estamos mostrando su presencia en el mundo por medio del servicio que brindamos.

¿A qué conduce la ignorancia acerca de los dones espirituales?

Pablo no quería que los creyentes ignoraran acerca de los dones espirituales porque corrían serios riesgos en lo que hace a la vivencia de su fe, a la comunión con sus hermanos en la fe, a su crecimiento espiritual, y porque perjudicarían la extensión del reino de Dios para la salvación de otras personas. Sólo conociendo los dones espirituales que Dios les concedía y usándolos como él enseñaba podrían ser efectivos como iglesia de Cristo en el mundo. Por eso les escribe y los exhorta, les advierte y los alienta. El equilibrio que necesita un creyente para su vida de fe parte de un buen entendimiento de los dones que recibió.

La ignorancia respecto de los dones espirituales puede generar:

Abuso

Hay creyentes que anhelan y promueven algunas manifestaciones o dones espirituales por su espectacularidad o por su fuerza. Los consideran más importantes y dignos porque son más impactantes o dan mejores resultados que otros para algunas tareas que quieren realizar como iglesia. Este falso concepto desestima al mismo Dios que es libre de dar a cada creyente los dones que mejor le parece, como también desestima la gracia pretendiendo alcanzar aquello que no le ha sido dado. Esto trae más perjuicios que beneficios por las divisiones que genera entre los creyentes. Surgen competencias y comparaciones que impiden el trabajo en equipo en el reino de Dios. Así como en el cuerpo no todos los miembros sirven para lo mismo, no todos pueden tener los mismos dones porque Dios lo ha dispuesto así. La exagerada importancia que se atribuyen a algunos dones en desmedro de otros, aunque todos revisten la misma importancia para la edificación, animación y consolación de los demás, es propia de quienes ignoran lo que son los dones en realidad.

Inmadurez

La inmadurez en la fe y en las relaciones entre los creyentes se origina por celos y contiendas que se basan en criterios meramente humanos que no contemplan la enseñanza de la palabra de Dios. Estos criterios valoran a la persona por lo que hace y no por lo que ella es, y por lo tanto son contrarios a lo que Dios enseña: nadie se salva por lo que hace (obras) sino por lo que es (hijo de Dios por la fe en Jesús). Cuando la organización y promoción de los dones se realiza con criterios humanos en lugar de guiarse por la voluntad de Dios que pretende la valoración de cada persona y los dones que él le concedió, surgen rivalidad y contiendas. Ésta es una clara señal de inmadurez en la fe, son conductas infantiles que lejos de respetar las diferencias en el modo de ser y de actuar promueven enfrentamientos, discusiones, y competencias innecesarias.

Sobrevaloración

Ignorar acerca del carácter transitorio de los dones y su utilidad para esta vida hace que algunos creyentes los sobrevaloren y los conviertan en un fin en sí mismos. Los dones son importantes para manifestar los frutos del Espíritu. A su vez los frutos son los que también llevan la semilla del evangelio que busca germinar en la vida de quien aún no ha nacido de nuevo. Los dones no son un fin en sí mismos, sino que persiguen un propósito mayor para esta vida y la venidera. Los dones cesarán, y sólo permanecerá aquello que se consiguió por medio de ellos. Cuando se olvida la transitoriedad de los dones se pierde de vista su verdadera finalidad que es la edificación de los creyentes y la proclamación del evangelio a los incrédulos.

Falta de valoración

Hay dones que no son valorados porque dan la impresión de que se puede prescindir de ellos. La ignorancia lleva a la negligencia en cuanto al uso y aprovechamiento de dones que son tan necesarios como los demás. Cuando faltan, recién entonces la iglesia se percata de lo que perdió. La negligencia se manifiesta en la falta del reconocimiento colectivo del don, especialmente los que tienen que ver con tareas rutinarias o de servicio. Por no saber que la tarea que la persona desempeña es un don dado por Dios, se le da poca importancia o bien se la estimula a buscar otro don que pareciera ser más espiritual.

Egoísmo

La ignorancia acerca de los dones promueve su utilización para la gratificación y el provecho personal. Si bien los dones canalizan el crecimiento de la fe y permiten el desarrollo personal del creyente, su principal objetivo es el servicio a Dios y al prójimo. Ignorar acerca del objetivo principal para el cual Dios nos ha concedido los dones hace que el creyente busque priorizar aquello que más rédito personal o satisfacción le implique. Si bien es cierto que el ejercicio del don trae alegría y color a la vida, es preciso que sea a fin de cubrir las necesidades de quienes nos rodean y buscar la gloria de Dios.

Falta de fidelidad

Todos los creyentes tienen dones pero no todos los ejercitan. Esto puede ocurrir por varias razones, y en especial por desconocer el don que Dios ha concedido al creyente. El ejercicio del don es a su vez una responsabilidad ante Dios, un compromiso que mostrará nuestra fidelidad y servicio en el reino de Dios. Todos los creyentes tienen dones, y si no los ejercitan también puede responder a la falta de estímulo de parte del liderazgo o la falta de consagración del creyente.

Falta de espiritualidad

La posesión de un don no es sinónimo de espiritualidad. Hay creyentes que consideran que la posesión de determinados dones les dará más profundidad en su fe. Es el ejercicio fiel del don que posean, sea cual fuere, lo que redundará en su edificación personal, siempre y cuando lo pongan al servicio de Dios y de la edificación de la iglesia. Hay personas que tienen maravillosos dones, cumplen con innumerables tareas pero su vida espiritual es superflua e inestable. Los dones y las actividades no hacen a una espiritualidad más profunda.

Falta de consagración

Para descubrir el don y para desarrollarlo es esencial la entrega de la vida a Dios. Muchos creyentes quieren servir a Dios según sus propias normas y cláusulas, estableciendo sus propios tiempos y modalidades. Usar los dones en servicio a Dios implica subordinar nuestra voluntad a la suya.

Esto permitirá disfrutar de los logros, sabiendo que han sido obra de Dios, y no sucumbir ante los fracasos cuando Dios no permitió que se alcanzaran las metas. Algunos siembran, otros riegan, pero el crecimiento lo da Dios. Por ello es preciso someterse a su voluntad.

El don es un llamado de Dios

El don que cada creyente ha recibido de Dios es un llamado de Dios. Muchas vidas cristianas son vividas en la intrascendencia porque el creyente desconoce su don y no se ocupa de aquello para lo cual Dios los ha llamado. De ahí la importancia de conocer acerca de los dones que nos han sido conferidos por Dios a través del Espíritu Santo.

El llamado de Dios o vocación es la manera especial que Dios nos ha dado para servir, y no tiene que ver sólo con nuestra vida religiosa. La razón por la cual vivimos en este tiempo y en este lugar también responde a los planes de Dios.

Pareciera que cada vez existen más creyentes que no encuentran su "verdadera vocación". En muchas ocasiones porque ignoran la relación entre los dones recibidos de Dios y el llamado al servicio. En otras, porque consideran que su servicio a Dios es incompatible con su vida diaria. Tienen ocupaciones que no los hacen felices, y sirven en áreas donde no se sienten necesarios.

¿Por qué muchos creyentes que desempeñan una tarea específica en el mundo laboral no asumen la misma tarea dentro de la iglesia? ¿Por qué el maestro no es maestro de escuela bíblica y el contador no lleva la tesorería de la iglesia? Parece que para algunos creyentes el servicio que se brinda a Dios tiene más que ver con el hobby que cada persona tiene, lo que le gustaría hacer, como quien participa de un juego, que con un compromiso y una responsabilidad para la cual se han recibido las capacidades naturales, dones, y herramientas necesarias para servir. ¿De dónde surge esta dicotomía entre la vida diaria y la vida cristiana? De un falso concepto de lo que son los dones y de lo que significa consagrar la vida a Dios y servirlo de corazón.

¿Quiénes deberían ayudar a los creyentes a entender su vocación? En ello las responsabilidades son compartidas. La familia, y en especial los padres cristianos, necesitan compartir con los hijos la importancia de servir a Dios y al prójimo, y no sólo buscar una actividad rentable para asegurarse un buen pasar. Quienes brindan orientación vocacional necesitan ayudar a que la persona reconozca sus capacidades naturales para que haga aquello para lo cual Dios lo ha dotado. La iglesia, en especial sus líderes deben ayudar a identificar los dones y recordar el llamado de todo creyente a servir a Dios y al prójimo para ser grande en el reino de Dios, lo cual no se limita sólo a la iglesia sino a todas las facetas de la vida personal, familiar y social. Muchos creyentes lamentablemente viven su vida ajenos a la voluntad de Dios y sufren las consecuencias de esa mala elección.

Los perjuicios que ocasiona esta limitación de los dones a la vida religiosa afectan la vida laboral, familiar y social del creyente que no integra las actividades que realiza bajo un mismo patrón de conducta. Este desgaste moral, mental y espiritual se observa cada vez más en el agotamiento que muchos sufren en todas sus actividades. Viven vidas fragmentadas.

También la iglesia se ve afectada ya que debe trabajar con voluntarios, y muy pocos se hacen responsables de un ministerio o servicio permanente. Las capacidades se usan para el trabajo diario, y para la iglesia quedan aquellas cosas que se suelen hacer en los tiempos de ocio y que no implican mucho sacrificio.

Pero el principal perjuicio es el que recibe el mundo a quien Dios quiere compartir su salvación. Los dones, además de regalos y herramientas son la manifestación del amor y de la gracia de Dios por el mundo. Por medio de ellos la iglesia transmite el evangelio de Cristo para la salvación de las vidas esclavizadas por el pecado. En definitiva, el no reconocer los dones como un llamado de Dios ni ejercerlos para servir a Dios y al prójimo es privar al mundo de conocer la gracia y la salvación de Dios.

En definitiva, ni la iglesia ni el creyente deben ignorar acerca de los dones que Dios les ha concedido. No debe exaltarlos, pero tampoco desestimarlos. Tienen un propósito muy claro que debemos reconocer y que va mucho más allá de nuestro provecho personal. Muchas cosas pueden mejorar si entendemos correctamente el uso que Dios quiere que hagamos de esta gracia que él nos concedió.

Preguntas para reflexión

1) Los dones pueden ser comprendidos como regalos, herramientas o manifestaciones. ¿Qué idea aporta cada una de estas formas de considerar los dones? ¿En qué crees que piensan los creyentes de tu comunidad cuando se habla de dones?

2) Enumera algunas de las consecuencias a las que conduce la ignorancia acerca de los dones. ¿Cuáles se observan en tu comunidad de fe? ¿Qué conceptos erróneos o ignorados han determinado estos problemas?

3) ¿Cuál es tu vocación u ocupación diaria? ¿En qué tarea estás involucrado en tu iglesia? ¿Qué relación guarda tu trabajo diario con el que desarrollas en la iglesia? ¿Qué cosas cambiarían si existiría mayor integración entre estos dos ámbitos?

Capítulo 2

El propósito de los dones

El propósito de Dios al regalarnos sus dones y capacitarnos para la vida a fin de mostrar su amor en este mundo se resume en la obra de salvación de la humanidad que realizó por medio de Jesús.

> "De tal manera amó Dios al mundo que entregó a su único Hijo para que todo aquel que crea en él, no se pierda, sino que tenga vida eterna" (Juan 3:16)

Dios anhela que la salvación de Cristo se extienda en todos los tiempos y hacia todos los confines de la tierra; porque su amor quiere llegar a toda la humanidad.

Pero además de eso, Dios quiere que sus hijos redimidos por la fe en Jesús, se sientan felices, útiles y seguros de su salvación. Este propósito de consagración de la vida del creyente al igual que el de la salvación de la humanidad requiere de la acción permanente de parte del Espíritu Santo. Su mirada de amor y misericordia se extiende hacia toda la humanidad, y a su vez, a cada persona en particular, y hacia todo aspecto de su vida que necesita ser transformado.

Por ello, la finalidad que Dios tiene al conceder los dones no se limita sólo a la extensión de su reino para la salvación de la humanidad, sino también a perfeccionar la vida de cada creyente. No se limita sólo a las tareas que se realizan regularmente en la iglesia sino que abarca también las tareas que se desarrollan en el mundo por medio de la vocación u ocupación diarias. Esto es así para que no pensemos sólo en nosotros, ni sólo en la iglesia, ni sólo en los demás, ni sólo en esta vida. Las cosas y los propósitos de Dios siempre trascienden los límites del tiempo, del espacio, de lo particular y de lo humano. Vale la pena participar en obras con propósitos tan elevados porque todos resultan beneficiados.

DIGNIFICAR NUESTRA PERSONA

Uno de los propósitos que Dios tiene al concedernos sus dones es el de lograr una relación plena y profunda con él y con las demás personas, y así dignificar nuestra vida. Su propósito al crear el mundo y a cada ser humano fue compartir su amor, su perfección, y su bendición con todas las criaturas. Sin embargo, los seres humanos optamos por seguir nuestro propio camino; y desobedeciendo su voluntad de modo deliberado y consciente, elegimos un camino de sufrimiento, de muerte, y de frustración. ¡Qué triste realidad la del ser humano que apartado de Dios transita su propia idea de vida! ¿De qué le sirve al hombre toda la sabiduría y la fuerza del mundo si no puede cambiar la fatal realidad a la que se encuentra condenado a causa de su pecado?

¡Gracias a Dios que él cambió el curso de nuestras vidas con su intervención salvadora! Su gran amor no pudo permanecer indiferente ante el destino elegido por sus criaturas. Su amor se hizo acción y su Palabra se hizo carne. Dios mismo vino a la tierra en su Hijo Jesucristo para abrir el nuevo camino de la vida. Jesucristo entregó su vida para pagar el castigo que pesaba sobre todos los pecadores. Jesús murió en la cruz para librar del castigo eterno a todos los que creyeran en él. Jesús resucitó de entre los muertos para hacer posible nuestra resurrección y ascendió a los cielos a prepararnos un lugar en la nueva vida.

¡Qué maravillosa obra la de Jesucristo, verdadero Dios y verdadero hombre que vuelve a darnos la posibilidad de una vida con propósito! ¡Qué maravillosa la obra del Espíritu Santo que convierte nuestra tragedia en nueva vida! Nos convence de nuestro pecado y de nuestra necesidad de creer en la obra de Jesús. Engendra en nosotros la fe y hace morada en nuestro interior para mantenernos y conducirnos por la vida.

Ésta es la obra de salvación que Dios hizo para devolverle a la vida su verdadero sentido y propósito. Para que todo lo que hagamos tenga valor y sentido y no sea vana ilusión. Dios nos ha unido a él por medio de la fe en Cristo Jesús para que la vida valga la pena vivirla. Y para que esta realización sea completa nos concedió los dones, pruebas visibles de la presencia del Espíritu Santo en nuestra vida a fin de desarrollar esa nueva manera de pensar y de vivir. No es un sueño sino una realidad patente y cotidiana.

La dignidad que perdimos a causa del pecado, rebajando nuestras vidas al vacío espiritual, a las enemistades y violencias, al transitar por el mundo detrás de lo transitorio y dejándonos guiar por simples instintos y caprichos, es recuperada ahora día a día por la acción del Espíritu Santo. Su poder nos va transformando para crear en nosotros un hombre nuevo, a semejanza de Cristo.

> "Así, todos nosotros, que con el rostro descubierto reflejamos como en un espejo la gloria del Señor, somos transformados a su semejanza con más y más gloria por la acción del Señor, que es el Espíritu" (2 Corintios 3:18)

Para que la vida manifieste los frutos del amor y de la esperanza, de la paz y la bondad, de la paciencia y el dominio propio, de la alegría y de la humildad es necesario ejercitar los dones que Dios nos ha concedido; ofrecerlos a los demás, para que en vinculación con los dones que les fueron concedidos a ellos, den origen a los tan ansiados frutos que todos esperamos tener.

Si bien la nueva vida se opera de un modo particular y especial en cada persona, ella necesita de la relación con los demás creyentes para desarrollarse. Para eso Dios ha dispuesto la familia de la fe, la iglesia, donde el creyente recibe el alimento y el estímulo mutuo para mantenerse y crecer en su fe.

Esta obra que el Espíritu Santo va desarrollando en nuestra vida y que recibe distintos nombres en las Sagradas Escrituras, se extiende hasta culminar con la redención completa de nuestras vidas en el final de los tiempos. En aquel tiempo recibiremos la plenitud de las promesas del Señor y se completará la obra de nuestra dignificación como hijos de Dios, pues seremos librados para siempre de nuestro pecado e introducidos en el nuevo mundo que el Señor preparó para los suyos. Hasta tanto recibamos la plenitud de esta gloria, Dios nos concedió sus dones para ir forjando lentamente esta nueva vida en nosotros.

Desarrollar la misión de Dios

Los dones que Dios nos ha concedido tienen el propósito de cumplir con la misión de Dios en la tierra comenzada por Cristo Jesús y continuada por el Espíritu Santo a través de los creyentes. ¿Y cuál es esa misión? Esa misión es la predicación del evangelio a todas las naciones, a los que no creen, para que el Espíritu Santo pueda engendrar la fe en ellos y concederles la salvación, y también a los que creen para que el Espíritu Santo pueda mantenerlos y hacerlos crecer en la fe a la que fueron llamados.

Una manera de explicar e ilustrar la misión de Dios es con el siguiente gráfico:

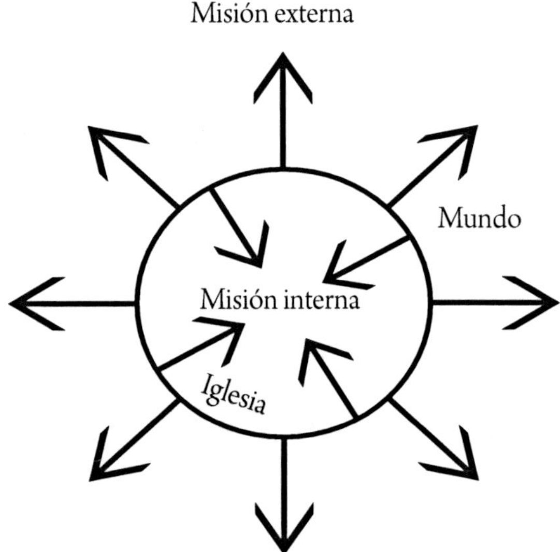

¿Por qué es tan importante explicar algo tan simple? Porque algunas iglesias en su afán por comunicar el evangelio a los no creyentes limitaron la misión a la evangelización, en tanto que otras, en su afán por mantener y desarrollar la fe de los creyentes, centraron la misión en la mejor atención de los creyentes.

La misión es una sola: hacer discípulos predicando el evangelio de Jesucristo. Dependiendo de quiénes son las personas que reciben este mensaje, se puede hablar de misión interna cuando los destinatarios del evangelio son creyentes, o de misión externa cuando los destinatarios son personas no creyentes.

Misión interna

Suele denominarse misión interna cuando el evangelio es predicado a los creyentes, a la iglesia. Su propósito es entonces edificar la fe de quienes ya creen en Jesucristo. El Espíritu Santo, presente en la vida de estos creyentes, necesita que Cristo siga siendo predicado entre ellos, porque sólo por medio de su obra puede operar los cambios necesarios para la santificación o consagración de la vida del creyente. En la Palabra y en los Santa Cena el Espíritu Santo encuentra los medios para provocar el arrepentimiento de los pecados y la fe salvadora y sanadora. Esto produce en el creyente crecimiento en la fe y en la consagración de vida, porque la fe viene por el oír del mensaje de Dios.

Misión externa

Se denomina misión externa cuando el evangelio es predicado a los que no creen, al mundo. Su propósito es crear la fe en Jesucristo en aquella persona que aún está muerta en sus pecados. El Espíritu Santo, único capaz de engendrar la fe, necesita de la predicación del evangelio de Jesucristo y la administración del Bautismo porque allí encuentra los medios para hacer nacer de nuevo por el agua y el Espíritu (Juan 3:5) a los que aún no han sido salvados. El Espíritu Santo convence a la persona de su pecado y la mueve al arrepentimiento, y la convence también de su necesidad de un Salvador, que encontrará en Jesucristo, aquel que murió en la cruz para dar su vida por el perdón de sus pecados y de ese modo hace nacer la fe salvadora.

La tensión

La tensión que se genera entre ambas misiones y que aparece como un círculo, es la tensión que existe entre la iglesia y el mundo. Si bien la predicación es la misma, esta tensión es necesaria para que continúe la misión de Dios. Si sólo se predica a los creyentes para su edificación, la iglesia no se extenderá y terminará consumiéndose en sí misma. La edificación y el crecimiento encuentran su razón de ser en la incorporación de nuevos creyentes. La edificación no es un fin en sí mismo.

Sólo misión interna

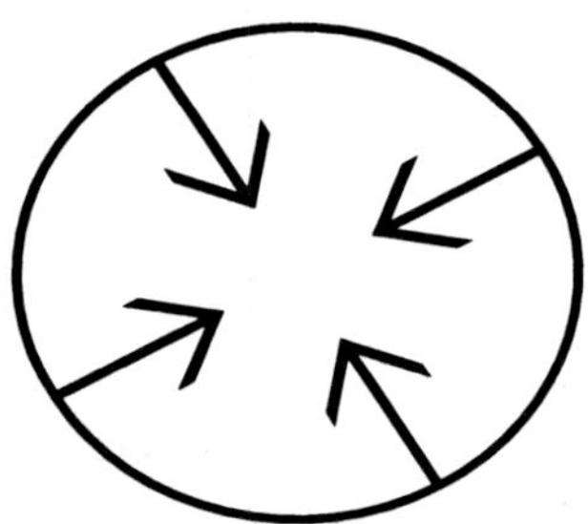

Pero, si por el contrario la iglesia sólo predica el evangelio a los que no creen, se volverá hueca en su interior porque una vez en la fe, las personas no tendrán ningún ámbito donde permanecer y crecer, se volverán superfluos y terminarán por abandonar la fe ante las pruebas y tentaciones de la vida. No encontrarán la nueva vida que ansiaban tener junto a Dios. La evangelización tampoco es un fin en sí mismo. La misión interna y externa se complementan mutuamente: una necesita de la otra para encontrar su real sentido, pero necesitan permanecer en tensión.

Sólo misión externa

La pérdida de esta tensión natural que debe existir en la iglesia en administrar la palabra de Dios tanto a sus feligreses como a los no creyentes se observa en muchas iglesias cristianas que pretenden que todos los cristianos tengan los mismos intereses, ya sea por los que están salvados o por los que están perdidos. Así, en pro de la uniformidad pero no de la unidad, los creyentes son forzados a "tirar" todos en la misma dirección, en desmedro de los dones que Dios les ha concedido y de la tarea que el Señor les ha encomendado. ¡Cuánto cuesta respetar y someter a la voluntad de Dios nuestras buenas ideas sobre misión!

Claro está que en algunas oportunidades la iglesia puede hacer énfasis en alguna de éstas áreas de trabajo proponiéndose, dentro de la voluntad de Dios, fomentar la predicación de la Palabra a los creyentes de la iglesia o hacerlo hacia las personas que no conocen el evangelio, porque ha reconocido su descuido en este ámbito. Sin embargo no debe hacerlo en desmedro de su misión integral de llevar la palabra de Dios a todas las personas para que el Espíritu Santo desarrolle en cada uno la obra que él quiere realizar.

Los dones también responden a estos dos ámbitos. Hay creyentes que tienen dones para el mantenimiento y crecimiento de la fe de los creyentes, en tanto que hay otros cuyos dones han sido dados para que su prioridad esté hacia la gente del mundo que no conoce el evangelio. Es bueno y natural que haya esta tensión de intereses aparentemente opuestos. Dios la dispuso así, y nadie tiene derecho a decirle al otro que su don es de menor importancia porque no apunta a la iglesia o al mundo respectivamente.

En los últimos años la iglesia cristiana ha tenido un despertar misionero y un mayor interés por llevar la Palabra a quienes aún no conocen el evangelio. Esto es muy positivo, cuando no se confunde la misión total de la iglesia con el evangelismo que es sólo una parte de la tarea. La Gran Comisión que Jesús nos deja en Mateo 28:20 implica llevar el evangelio a todas las naciones para hacer discípulos administrando el Bautismo y la enseñanza de la doctrina cristiana. No es misión sólo compartir el evangelio dejando al nuevo creyente a merced de la nada. La misión implica incorporarlo en la nueva familia de la fe, una iglesia, para que aprenda y se sustente con la Palabra, sea discípulo y disfrute de la nueva vida en Cristo y el Espíritu continúe desarrollando el hombre nuevo que vino a engendrar.

"Sólo el que se mantenga firme hasta el fin, será salvo" (Mateo 24:13)

La simple tarea de compartir el evangelio sin considerar qué sucederá después con el nuevo creyente puede ser riesgoso para la persona que llega a la fe y un mal testimonio para la fe cristiana. Pero el no compartir el evangelio por temor a no saber cómo atender al nuevo creyente también puede ser igualmente irresponsable. Muchas veces no es una falta de tiempo o de estrategias, sino de obediencia y claridad en la misión encomendada.

A veces se considera que no se puede llevar el evangelio a los no creyentes porque primero "hay que comenzar por casa" y llevar el evangelio a los creyentes que por una u otra razón están alejados de la vida de la iglesia. Si bien la iglesia nunca debe perder esta preocupación por quienes están alejados o debilitados en su fe, éste no es un motivo válido para no llevar el evangelio a los que aún no lo conocen. Suele ser más una excusa para no levantar los ojos y ver qué blancos están los campos, que una preocupación genuina por la familia de la fe.

Para poder desarrollar la misión de Dios llevando el evangelio tanto dentro como fuera de la iglesia, necesitamos conocer nuestros dones y los de los demás creyentes, para trabajar mancomunadamente respetando las tensiones propias de esta misión que Dios nos ha encomendado. Una vez, una devota cristiana preocupada por alcanzar el evangelio a los no creyentes interrogó a su pastor acerca de cuándo el resto de la iglesia se daría cuenta de la importancia de ese ministerio, ya que sólo algunos lo entendían y apoyaban con sus dones y ofrendas. Y el pastor le respondió sonriendo: "Nunca. Dios quiso que así fuera. Mientras ustedes llevan el evangelio a los que están afuera, ellos se preocupan por predicarlo a los que están adentro."

La edificación del cuerpo de Cristo

Éste es uno de los propósitos por el cual Dios concedió los dones a los creyentes, y que se encuentra expresamente citado en la Biblia. El Espíritu Santo nos ha dado dones con el propósito de edificarnos mutuamente. El ejercicio de un don se justifica siempre y cuando esté prestando un servicio a los demás, compartiendo su capacidad para desarrollar la comunidad. Así lo expresa claramente San Pablo:

> "A cada uno se le da una manifestación especial del Espíritu para el bien de los demás" (1 Corintios 12:7)
>
> "Por eso ustedes, ya que ambicionan dones espirituales, procuren que éstos abunden para la edificación de la iglesia" (1 Corintios 14:12)
>
> "... a fin de capacitar al pueblo de Dios para la obra de servicio, para edificar el cuerpo de Cristo" (Efesios 4:12)

La edificación mutua implica un ida y vuelta en el ejercicio de los dones. Algunos creyentes están demasiado preocupados por su propio crecimiento en la fe y no por el de los demás miembros de la comunidad cristiana. Miden las actividades por el provecho que pueden obtener de las mismas, por lo que pueden llegar a aprender o a recibir. La edificación implica pensar en el otro, en qué puedo aportar, cómo puedo servir y ayudar al crecimiento del otro. El mundo incita constantemente a las personas a buscar su propia realización personal, de un modo competitivo y poco servicial. El plan de Dios nos propone otra manera de usar nuestros dones, talentos, y capacidades.

El Señor Jesús enseñó que es más bienaventurado dar que recibir, y aunque ésta es una motivación altruista propia de nuestro Señor Jesús que dio su vida por los demás, sabemos que nadie puede dar lo que no ha recibido primeramente. Daremos de lo que el Señor nos dio, y recibiremos de los otros lo que ellos recibieron del Señor. Así nos edificamos mutuamente.

¿Cómo ocurre la edificación?

La edificación se da especialmente por medio de los frutos que se comparten en el ejercicio de los dones: en el amor que se prodiga, en la alegría que se comparte, en la paz que se conquista, en la bondad y misericordia que se ejercita. El ejercicio de los dones trae la edificación mutua, en tanto que la ausencia de los dones produce el distanciamiento, la soledad y el debilitamiento de las relaciones. Para edificar es necesario reunirse con los demás y compartir actividades y ministerios.

La edificación permite además el buen desarrollo del cuerpo. Cuando el desarrollo del cuerpo se da de un modo unilateral, crece sólo una parte del cuerpo, unos en desmedro de otros, se destruye la noción de comunidad. Cuando enseñamos claramente el concepto comunitario de la fe, el creyente no sentirá que no tiene nada para compartir con los demás. Todos nos necesitamos, porque Dios nos ha puesto juntos en este equipo de trabajo.

La edificación es la que hace posible la unidad. Lejos de que la diversidad destruya la unidad como muchas veces tememos, es lo que la hace crecer. Para esto es necesario reconocer que cada don ha sido otorgado por el mismo Espíritu y que no es un derecho o mérito propio. Cuando es mal entendido el origen y propósito del don, éste se busca imponer sobre los demás. Es el reconocimiento y respeto de los dones lo que fomenta la unidad cristiana.

La edificación es la que hace crecer al creyente. Todos los miembros han recibido algún don, no existen miembros del cuerpo que carezcan de dones. Cuando el creyente reconoce su don y busca la edificación de los demás, es entonces cuando se opera su propio crecimiento también. La participación en la obra de Dios en forma comunitaria es esencial para que crezca la fe del cristiano. Un edificio no se construye con un solo ladrillo. Cuando se comparte, se pone lado a lado, se puede construir una pared.

La edificación conduce a la madurez espiritual. La participación del creyente en la obra de Dios a través de su iglesia, según la actividad y los dones que le son propios, permite no sólo que la comunidad se sostenga y ajuste, sino también que todo el cuerpo, y cada uno de sus miembros crezca y se edifique en el amor de Cristo. La edificación mutua nos enseña de un modo práctico y natural la profundidad, altura, y extensión del amor de Cristo Jesús. Esto trae madurez, firmeza, y seguridad.

> "Así ya no seremos niños, zarandeados por las olas y llevados de aquí para allá por todo viento de enseñanza y por la astucia y los artificios de quienes emplean artimañas engañosas. Más bien, al vivir la verdad con amor, creceremos hasta ser como aquel que es la cabeza, es decir, Cristo. Por su acción todo el cuerpo crece y se edifica en amor, sostenido y ajustado por todos los ligamentos, según la actividad propia de cada miembro" (Efesios 4:14-16)

En la actualidad existen pocas cosas edificantes y constructivas. Los seres humanos están tan preocupados por sí mismos que no piensan en los demás. Hacen cosas sorprendentes sólo para recibir el aplauso de los demás, pero que en la mayoría de las ocasiones no aporta nada a nadie. Más bien genera más rivalidades, competencias, y egoísmo. Lamentablemente esta realidad que cada vez más se observa en el mundo, también va contagiando las comunidades cristianas; después de todo, estamos en el mundo. Hay cada vez menos hermanos dispuestos a servir y cada vez más creyentes dispuestos a pagar para que otros lo hagan.

¿Cómo recuperar lo edificante y constructivo? Necesitamos aprender a pensar en los demás, así como Jesús no pensó en sí mismo, sino en nosotros. Eso edifica a los demás, los construye, y sorpresivamente nos edifica también a nosotros.

Como escribe el poeta R. Tagore:

Yo dormía

y soñaba

que la vida

era alegría.

Desperté y vi

que la vida

era servicio.

Serví, y vi

que el servicio

era alegría.

La conversión de los incrédulos

La predicación de la Palabra no sólo persigue la edificación del creyente, de aquel a quien Dios ya tocó su corazón con el poder del Espíritu Santo. Si bien es cierto que el objetivo del Señor es engendrar y desarrollar un nuevo hombre, una persona digna y que honre la vida, el mandato del Señor es hacer discípulos a todas las naciones, mandato que incluye compartir el evangelio con todas las personas, en el convencimiento de que Dios en el poder de su Espíritu Santo puede engendrar la fe salvadora en Cristo Jesús también en ellos.

Es por eso que los dones no se circunscriben exclusivamente a la iglesia y a las tareas de edificación que se desarrollan dentro de la misma. Hay dones que Dios puso para que su gracia se conozca también fuera de ese ámbito. Es preciso saber cómo usar efectivamente cada uno de esos dones y qué ámbito resultará más adecuado para obtener su verdadero provecho tanto para la iglesia como para las personas que no creen aún en el evangelio. El fin de los dones ejercitados en ámbitos donde hay incrédulos es que reconozcan en la vida del creyente la presencia de Dios y caigan de rodillas ante el Creador.

> "De modo que el hablar en lenguas es una señal, no para los creyentes sino para los incrédulos; en cambio la profecía no es señal para los incrédulos sino para los creyentes. Así que si toda la iglesia se reúne y todos hablan en lenguas, y entran algunos que no entienden o no creen, ¿no dirán que ustedes están locos? Pero si uno que no cree o uno que no entiende entra cuando todos están profetizando, se sentirá reprendido y juzgado por todos, y los secretos de su corazón quedarán al descubierto. Así que se postrará ante Dios y lo adorará, exclamando: ¡Realmente Dios está entre ustedes!"
> (1 Corintios 14:22-25)

La iglesia muchas veces ha considerado como dones sólo aquellas facultades, capacidades o poderes que se trabajan en la iglesia y para la edificación de los creyentes. Sin embargo, son muchos los dones que Dios concede para que demos un testimonio efectivo de nuestra fe, ya sea con acciones, palabras y gestos a fin de que los incrédulos lleguen a conocer y experimentar la presencia de Dios. El aporte de estos creyentes que ejercen sus dones fuera de la iglesia es realmente admirable, aunque a veces, muy poco reconocido. Pero es por medio de ellos que la mayoría de las veces se acercan nuevos creyentes a la iglesia.

En el Nuevo Testamento se observa con frecuencia cómo algunos dones, muchas veces de tipo extraordinarios, atraían a los incrédulos en busca del conocimiento de la fuente de ese poder. Los problemas de salud, la muerte, la desesperación, y el vacío, hacían que muchas personas acudieran a los apóstoles en busca de sanidad, consuelo, paz, y orientación los cuales les eran brindados por medio del conocimiento del evangelio.

También hoy en día, existen dones que despiertan la atención de los incrédulos. Algunos problemas son similares y otros no. Y también hay que creyentes, que desde el ejercicio de su don especialmente en el ámbito diario, comparten su testimonio de vida o de palabra con el mundo incrédulo y el Espíritu Santo encuentra allí un lugar y un tiempo para producir la fe valiéndose de la palabra de Dios.

El mandato de Jesucristo implica movimiento: "Vayan." La iglesia es consciente de su misión de compartir el evangelio con los que no creen, sin embargo, espera que los incrédulos "vengan". En muchas ocasiones este malentendido surge por la ignorancia acerca de qué son los dones o por considerar que los dones son sólo aquellos que se trabajan dentro de la iglesia. Lutero promovía el sacerdocio universal de los creyentes. Cada creyente es un sacerdote, en su casa, en su trabajo, en su barrio y con sus dones, con su ocupación, que puede llevar el evangelio y poner al pecador en contacto con su Creador.

A veces hasta exhortamos a algunos creyentes porque pasan demasiado tiempo "en el mundo" y no tienen tiempo para "las actividades de la iglesia", sin considerar que Dios les ha concedido un don cuyo desarrollo o ejecución se debe operar fuera del ámbito religioso. El líder o pastor –que capacita a los santos– es el que debe establecer este reconocimiento y equilibrio; pues todo cristiano necesita también de la edificación mutua para su crecimiento en la fe. Quien es consciente que lo que está haciendo es para el Señor, no se apartará de su iglesia, sólo establecerá distintas prioridades. La iglesia necesita que los creyentes pongan sus dones al servicio de Dios también fuera de su ámbito. El Espíritu Santo, el autor de la fe, les concede dones para compartir su fe con el mundo, porque la salvación trasciende las fronteras de nuestro templo o salón. Estos dones no son necesariamente de tipo extraordinario, de modo tal que las personas se sientan impactadas al conocer a quién los ha otorgado. Muchas veces son dones que reflejan nuestro deseo de servir al prójimo en sus necesidades y brindarle el amor que hemos recibido de Jesús. Estos dones, si bien no son tan espectaculares, suelen ser un testimonio más efectivo de lo que nos imaginamos.

Sin embargo, el mayor impacto en la vida de quien aún no conoce el evangelio lo producen los frutos que se manifiestan en el ejercicio de los dones, y no los dones en sí mismos. Es que, como su nombre lo indica, el fruto lleva en su interior la semilla del evangelio de Jesús, que puede engendrar la fe en la vida del no creyente. De ahí la recomendación de Jesús en el Sermón del Monte:

> "Hagan brillar su luz delante de todos, para que ellos puedan ver las buenas obras de ustedes y alaben al Padre que está en el cielo" (Mateo 5:16)

Preguntas para reflexión

1) ¿Cuál es el principal propósito de Dios para con nosotros al llamarnos a la salvación? ¿Qué cambios importantes sientes que han ocurrido en tu vida desde que llegaste a la fe?

2) ¿Cómo describirías la misión que Dios ha encomendado a su iglesia? ¿En qué área de la misma sientes que puedes participar mejor?

3) ¿Cómo definirías lo que es edificación mutua? ¿Qué actividades se realizan en tu congregación que tienden a la edificación? ¿Son suficientes? ¿Cumplen con su objetivo?

4) ¿Qué actividades de tu congregación apuntan a la conversión de los incrédulos? ¿Cómo describirías la tensión entre el trabajo hacia dentro y hacia fuera que se desarrolla en tu comunidad? ¿Cuáles son las principales razones por las cuales se desarrolla de esa manera?

Capítulo 3

Características de los dones

¿Qué quiere decir la palabra "dones"?

La palabra "don" traduce la palabra griega *jarisma* que es un derivado de *jaris* que significa gracia. Hay muchas palabras que derivan de la misma raíz y cuyo significado aporta a un entendimiento más completo acerca del origen, la finalidad, y el modo más adecuado de ejercer los dones de Dios. Vamos a considerar tres de estos significados que pueden contribuir a un entendimiento más acabado acerca de los dones.

El don como gracia

El término *jaris,* que se traduce como gracia, es el favor recibido de alguien de modo inmerecido. Ocurre cuando alguien mira con agrado y amor a quien en realidad merece su enojo y su castigo. Es un acto de buena voluntad de parte de Dios para el hombre pecador. Los dones provienen de la gracia de Dios, son la expresión más concreta de su amor, el efecto visible en palabras o en hechos. Los dones responden a una profunda necesidad de amor de los seres humanos de parte de Dios. Dios nos ama y los dones son la muestra del amor y de la salvación de Dios.

El don como regalo gratuito

El término *jarisma* pone énfasis en que un don de gracia es un regalo gratuito y divino, y éste es el término que se usa especialmente para designar los dones del Espíritu. El término realza la generosidad de Dios y nuestra actitud pasiva al respecto, por lo tanto los regalos sólo pueden ser aceptados, no se ganan ni se obtienen. El don es un regalo gratuito. Gratis no significa sin valor, sino que otro pagó por ello. En el caso de nuestros dones y de nuestra salvación, Cristo pagó para que los recibamos gratuitamente. El don es la muestra de nuestra imposibilidad para ganar o pagar lo que Dios nos da para nuestra vida y nuestra salvación.

El don como satisfacción

El término *jara* implica gozo y alegría. De ella deriva la palabra "jarana" utilizada en algunos países para expresar alegría y diversión. Nos hace "gracia" una buena broma, genera satisfacción y alegría. Los dones tienen que ver con la alegría, el gozo, la satisfacción; con aquello que nos gusta y nos reporta placer. El don satisface el deseo más profundo del alma y nos llena de gozo celestial.

La gracia genera placer. Despierta el agradecimiento por el favor inmerecido que se ha recibido. Motiva el amor. Un don es un regalo concedido por Dios en forma totalmente gratuita para mostrarnos su gracia, mostrarnos su agrado a fin de que nuestra vida se llene de gozo y alegría.

¿Qué es la gracia?

> "Porque por gracia ustedes han sido salvados mediante la fe; esto no procede de ustedes, sino que es el regalo de Dios" (Efesios 2:8)

Los seres humanos hemos caído en la desgracia. Un desgraciado es aquel que no puede salir de su situación, que está en la miseria total. No sólo en lo que respecta a su capacidad para cambiar su realidad, sino también porque no cuenta con quien lo ayude para salir de esa condición. Quien está en la desgracia no cuenta con el favor de nadie. Se ha vuelto un desgraciado, no sólo por su condición, sino también por sus acciones. Su mala actitud ha llevado a los demás a aislarse de su persona. Su conducta, palabras, y pensamientos sólo tienden a aprovecharse de quien pretende tenderle una mano. Es un verdadero desgraciado, una persona desagradable que no vale la pena ayudar.

Aún en esta profundidad de la desgracia, de quien repugna y a quien no vale la pena ayudar, Dios en su misericordia pone su corazón en ese miserable pecador. Porque la humanidad no lo quiere ni lo busca, y hace todo lo posible para alejarse de él y difamarlo, Dios entrega la vida de su único Hijo en la cruz. Así paga por sus pecados y muestra su bondad.

Dios muestra su gracia en Cristo a un mundo desgraciado. Y sólo así, por esta demostración de amor desinteresado, genuino y bondadoso, la persona llega a cambiar su concepto acerca de sí mismo y de Dios. El Espíritu Santo lo convence de su desgraciada condición de pecador, enemigo de Dios y condenado para luego convencerlo de la gracia de Dios demostrada en Cristo Jesús. Quien ha vivido ese momento en que se llega a experimentar la gracia de Dios, sale de la desgracia más profunda en la que se encontraba. El gozo y la gratitud por el regalo de la gracia produce un profundo deseo de servir a Dios y de consagrarle toda la vida, no por culpa o con interés, sino con el firme propósito de compartir con otros este milagro que Dios ha hecho en su vida.

Los dones que Dios nos ha dado

En el Antiguo Testamento, los dones que Dios concede abarcan las bendiciones terrenales que brotan de la obediencia a Dios (Deuteronomio 28:1-14); como también la salvación que trae el año del favor de Dios (Isaías 61 y 35); y la nueva vida que comienza a partir de la presencia permanente del Espíritu de Dios en los corazones de sus hijos (Joel 2:28). Estas promesas se renuevan y confirman en el Nuevo Testamento por medio de las palabras de Jesucristo (Marcos 16:17-18) y son impartidas por el Espíritu Santo después de Pentecostés (1 Corintios 12:11).

Los dones abarcan todo aquello que recibimos de la gracia de Dios y que atañe a la vida física, emocional, y espiritual, tanto presente como futura. Es por ello que los dones no son tan fáciles de enmarcar, ya que Dios está activo durante toda nuestra vida, y nos concede distintas muestras de amor que se integran por la acción directa del Espíritu Santo. Son dones de Dios las bendiciones terrenales que recibimos del Padre, la salvación que recibimos del Hijo, y la nueva vida que el Espíritu Santo va recreando en nuestro corazón.

Hay quienes consideran como dones sólo las manifestaciones del Espíritu Santo, en tanto que prefieren hablar de capacidades o talentos naturales para todas las demás bendiciones que se reciben de Dios. Las Escrituras no son muy específicas al hablar de los dones. Puede ser una capacidad natural, o un talento adquirido por la educación o la experiencia; o quizás una bendición sobrenatural recibida de Dios. Así como nuestro Dios

Padre, Hijo, y Espíritu Santo se nos revela en las Escrituras como Creador, Redentor y Santificador, así los dones que recibimos de su mano responden a estas tres realidades que se pueden dar en forma progresiva o simultánea, así como él mismo en su gracia lo determine.

Los dones del Padre: dones creacionales

Dios como Padre y creador de todas las personas nos concede dones que a veces son llamados talentos o capacidades naturales. Estos talentos son las inclinaciones propias que cada persona tiene según las cualidades que el Creador le concedió desde su nacimiento. Responden a nuestras características físicas y otras facultades mentales y emocionales que hacen a nuestra personalidad y que nos hacen únicos para Dios y para el mundo.

¿Por qué me gusta hablar tanto con las personas? ¿Por qué soy comunicativo o no reservado? ¿Por qué Dios me hizo tan sensible a las necesidades de los demás? Dios me hizo así con un propósito especial, único, y particular. No hay otro ser en el mundo que sea igual a mí. Estos dones que Dios nos da para ocupar nuestro lugar en su creación suelen ser la base sobre la que se conceden el resto de los dones espirituales.

Los dones creacionales son las motivaciones que cada persona tiene hacia determinadas actividades. Para algunos investigadores de la Biblia, los dones que se mencionan en Romanos 12:3-8 son algunas de estas motivaciones naturales que se pueden encontrar en las personas. Dones para comunicar mensajes, prestar servicio, enseñar, animar, socorrer a los necesitados, colaborar, liderar, o ser compasivo, los cuales tienen que ver más con cualidades naturales o predisposiciones personales que con cuestiones únicas del Espíritu. Se relacionan con las tendencias internas de cada persona que la impulsan a una determinada acción.

Es necesario comprender que estas capacidades naturales también son dones que el Padre nos ha dado. Este reconocimiento nos ayuda a aceptarnos a nosotros mismos, pues ha sido él quien nos ha preparado y dotado con estas capacidades y habilidades, que si bien son naturales porque se nace con ellas, no dejan de ser divinas cuando reconocemos a Dios como nuestro Creador. Entender los dones creacionales y aceptar la soberana voluntad de nuestro Creador nos permitirá responder a muchos interrogantes acerca de nuestra persona y aceptar las cualidades y limitaciones que tenemos.

Todos somos especiales para Dios y hemos sido bendecidos por él. Fuimos creados a su imagen y semejanza, y como sus criaturas reflejamos parte de su imagen. Cada vida humana es única para él, y su propósito es que cada persona viva y desarrolle esa única singularidad. No es su intención que las personas atraviesen la vida buscando incansablemente su lugar, en constante agitación espiritual acerca de quiénes son, saltando de una carrera a otra, o de un servicio a otro, procurando encontrarse a sí mismas. Dios nos conoce porque nos hizo y quiere que reconozcamos nuestras habilidades para que encontremos nuestro propósito en la vida.

> "Tú creaste mis entrañas; me formaste en el vientre de mi madre. ¡Te alabo porque soy una creación admirable! ¡Tus obras son maravillosas y esto lo sé muy bien! Mis huesos no te fueron desconocidos cuando en lo más recóndito era yo formado, cuando en lo más profundo de la tierra era yo entretejido. Tus ojos vieron mi cuerpo en gestación: todo estaba ya escrito en tu libro; todos mis días se estaban diseñando, aunque no existía uno solo de ellos"
> (Salmo 139:13-15)

Los dones que Dios nos concede al crearnos deben ser reconocidos también como una gracia o regalo suyos. El propósito de Dios es que cada persona se sienta única, útil, y feliz. Sin embargo, hay quienes se consideran mejores que los demás en virtud de estas capacidades. Este orgullo es una tendencia tan mala como el tener una imagen pobre acerca de uno mismo. Estos dones que Dios nos da para ocupar nuestro lugar en su creación pretenden que cada persona sirva a Dios y a sus semejantes de la mejor manera. Por lo tanto, además de nuestros dones creacionales, cada uno de nosotros necesita recibir de la gracia de Dios, el don de la salvación otorgado por el Hijo y los dones del Espíritu Santo que engendran y producen la nueva vida. Sólo cuando alguien llega a la fe puede reconocer en estas capacidades un don de la gracia de Dios.

Estos dones o talentos que Dios concedió a todas sus criaturas no siempre cumplen con su función de brindarnos alegría, ni siempre los recibimos como regalos de él. Algunas personas creen que son fortuitos, producto de la genética o de la evolución; conseguidos por la buena educación de los padres o de las escuelas. Es por ello que se sienten con el derecho que usarlos cómo y para lo que a ellos mejor les plazca. El pecado y nuestra separación de Dios han generado que estas capacidades se centren en nosotros mismos y no sirvan a Dios ni al prójimo, razón por la cual no traen el placer ni la satisfacción para la que fueron creados. Su ejercicio no produce los frutos que se anhelan, aunque sí a veces producen resultados muy satisfactorios para este mundo, no son los frutos que alimentan el espíritu y que trascienden las esferas terrenales.

¡Qué triste realidad la de muchas personas que trabajan sus talentos día a día en busca de la realización personal pero que en su alma no reciben la recompensa a su esfuerzo! La muerte, el triste final que nos aguarda a todos, prueba lo que hemos construido con tanto esfuerzo y nos muestra la vanidad de lo conseguido. Las particularidades físicas, intelectuales y emocionales con las que nacemos necesitan ser reorientadas hacia su verdadero propósito, la exaltación de Dios y el bienestar del prójimo. Nuestro cuerpo, mente, y corazón se encuentran fuera de la voluntad de Dios, porque el pecado destruyó el vínculo primario con nuestro Creador. Es por esta razón que estos dones creacionales, si bien pueden ser bien desarrollados y usados logrando un "verdadero éxito en el mundo" y generando verdaderas satisfacciones para quien los ejecuta, no cuentan frente a Dios a menos que la persona cambie en su corazón.

Estos dones que recibimos al ser creados, no pueden considerarse como tales, en el sentido pleno de la palabra, mientras se consideran facultades propias y no un regalo de Dios; mientras que no son puestas al servicio de Dios y del prójimo sino que sólo sirvan a fines particulares como la búsqueda del éxito, la fama y el bienestar económico, mientras que no trasciendan la esfera de la vida terrenal. Pero para quien ha conocido la gracia salvadora de Dios en Cristo Jesús, es capaz de reconocer estas capacidades como dones del Altísimo, como regalos de la gracia y del amor de Dios.

Los dones del Hijo: los dones de la salvación

Los dones conseguidos y otorgados por el Hijo de Dios constituyen el fundamento que garantiza que la vida adquiera su verdadero sentido. No sólo en cuanto a la utilidad de todo lo que hacemos en el mundo, sino también en cuanto a su motivación. Los dones de salvación nos permitirán entender el verdadero por qué y para qué de los dones.

El pecado trajo consigo la muerte y la condenación de Dios para toda la humanidad de tal modo que toda nuestra vida, incluyendo nuestros talentos y capacidades están opacados, encaminados hacia lo malo, buscando sólo el propio beneficio. Nuestros talentos y capacidades naturales están encaminados hacia el mal porque siguen el camino que nosotros mismos hemos trazado en rebelión a la voluntad de Dios. Por más que intentemos torcer este camino con buenas acciones e intenciones, el pecado que llevamos marcado a fuego en nuestra vida nos incita en mente, corazón, y cuerpo a hacer el mal. Por ende merecemos el desprecio de Dios, la muerte, y la condenación. Así lo expresan claramente las Escrituras:

> "No hay un solo justo, ni siquiera uno; no hay nadie que entienda, nadie que busque a Dios. Todos se han descarriado, a una se han corrompido. No hay nadie que haga lo bueno; ¡no hay uno solo!" (Romanos 3:10-12)

> "Por lo tanto, no permitan ustedes que el pecado reino en su cuerpo mortal, ni obedezcan a sus malos deseos. No ofrezcan los miembros de su cuerpo al pecado como instrumentos de injusticia; al contrario, ofrézcanse más bien a Dios como quienes han vuelto de la muerte a la vida, presentando los miembros de su cuerpo como instrumentos de justicia" (Romanos 6:12-13)

Nuestros esfuerzos no conseguirán cambiar esta realidad, tan cierta como lo es la existencia del mal, de la muerte, y el terror al castigo eterno. Nuestra vida toda necesita una transformación. Necesitamos del milagro que permita vencer este mal que llevamos grabado en todo lo que hacemos. Y el milagro nos ha sido provisto por el mismo Dios, quien en su gran amor envió a su único Hijo, Jesucristo, quien murió por nuestros pecados en una cruz, resucitó de entre los muertos, y ascendió a los cielos. Su obra consiguió el perdón de nuestros pecados, el retorno a la vida después de la muerte, y una nueva vida de comunión eterna con Dios.

> "Pero la transgresión de Adán no puede compararse con la gracia de Dios. Pues si por la transgresión de un solo hombre murieron

> todos, ¡cuánto más el don que vino por la gracia de un solo hombre, Jesucristo, abundó para todos! Tampoco se puede comparar la dádiva de Dios con las consecuencias del pecado de Adán. El juicio que lleva a la condenación fue resultado de un solo pecado, pero la dádiva que lleva a la justificación tiene que ver con una multitud de transgresiones. Pues si por la transgresión de un solo hombre reinó la muerte, con mayor razón los que reciben en abundancia la gracia y el don de la justicia reinarán en vida por medio de un solo hombre, Jesucristo" (Romanos 5:15-17)

Cristo ha venido al mundo para hacer posible que cada persona encuentre el lugar que el Creador le ha preparado. Dios tiene un propósito para la vida de cada persona, razón por la cual la ha creado con las cualidades naturales y particulares con las que cuenta. Esto implica que reciban el poder del Espíritu Santo y comiencen a responder a los dones que reciben a fin de expandir sus capacidades innatas y llevar a cabo su ministerio redentor en el mundo.

> "Pero a cada uno de nosotros se nos ha dado gracia en la medida en que Cristo ha repartido los dones. Por esto dice: cuando ascendió a lo alto, se llevó consigo a los cautivos y dio dones a los hombres" (Efesios 4:7-8)

Estos dones son los que nos han sido dados conforme a la medida del don de Cristo quien los obtuvo al derrotar al diablo, con su muerte en la cruz, descenso a los infiernos y posterior resurrección.

Específicamente estos dones hacen a nuestra salvación: el perdón de nuestros pecados, nuestra justificación ante Dios, la resurrección de entre los muertos, y la vida eterna. La finalidad de estos dones es la de llegar a la unidad de la fe, al conocimiento del Hijo de Dios, a una humanidad perfecta que se conforme a la plena estatura de Cristo (Efesios 4:13).

Sin la victoria de Cristo sobre el pecado, el mal, y la muerte, es totalmente imposible pensar en otro modo de vivir. Sólo a partir del triunfo de Cristo es posible, para quien confía en él, el inicio de una nueva vida. Cristo es el modelo de una nueva humanidad que mantiene una relación abierta y confiada con su Creador. Esta nueva humanidad no está acabada, sino que está en un proceso de perfeccionamiento constante, comenzado por el

Espíritu Santo. Perfeccionar, significa adecuar, preparar, entrenar, calificar plenamente para el servicio. Cristo ha conseguido para toda la humanidad la posibilidad de una nueva vida, y sus dones están a disposición de todas las personas que crean en esta gracia de Dios.

Los dones del Espíritu Santo: los dones espirituales

Los dones del Espíritu Santo son concedidos desde el momento en que una persona llega a la fe en la obra de Jesús. Los dones salvíficos y espirituales suelen ocurrir en el mismo momento, aunque estos últimos, a veces pueden manifestarse en circunstancias posteriores a la salvación, no porque suceda una nueva recepción del Espíritu Santo, sino porque éste se manifiesta más plenamente durante el crecimiento en la consagración, santificación, o madurez en la fe.

Las personas antes de ser redimidas o salvadas por Cristo usaban sus dones para el provecho propio y su finalidad no era la de glorificar a Dios con esos talentos y capacidades, sino valerse de ellos para su vida y propósitos particulares. Muchas veces, el ansia y el orgullo por querer salvarse a sí mismos de la muerte, motiva a las personas a pensar de un modo egoísta respecto de sus dones, como buscando justificarse ante Dios por lo que hicieron o dejaron de hacer.

Cuando la vida de una persona es salvada por la fe en Jesucristo, quien le ofrece el perdón para su pecado, la resurrección sobre la muerte y la vida eterna como promesa y garantía de lo superior y eterno, todo su corazón, mente y acciones se reestructuran y orientan gradualmente hacia la voluntad de Dios. Ahora que Dios reina en la vida de la persona y sus pensamientos están subordinados a los de Dios, sus capacidades, talentos, buscan la gloria de Dios y el bienestar del prójimo.

Los dones espirituales que se mencionan en especial en 1 Corintios 12 en un contexto que busca el orden y la unidad de la iglesia, demuestran la amplia gama de formas que el Espíritu Santo puede adoptar para manifestarse a través de un creyente. Es el mismo Espíritu que canalizado en las distintas personas que Dios ha creado produce distintos sonidos y colores, los cuales es preciso respetar como obras del mismo Dios que en su gracia decide salvar y dar origen a un nuevo hombre, un hijo de Dios.

> "Ahora bien, hay diversos dones, pero un mismo Espíritu. Hay diversas maneras de servir, pero un mismo Señor. Hay diversas funciones, pero es un mismo Dios el que hace todas las cosas en todos. A cada uno se le da una manifestación especial del Espíritu para el bien de los demás. A unos Dios les da por el Espíritu palabra de sabiduría; a otros, por el mismo Espíritu, palabra de conocimiento; a otros, fe por medio del mismo Espíritu; a otros y por ese mismo Espíritu, dones para sanar enfermos; a otros, poderes milagrosos; a otros profecía; a otros discernir espíritus; a otros el hablar en diversas lenguas; y a otros, el interpretar lenguas. Todo esto lo hace un mismo y único Espíritu, quien reparte a cada uno según él lo determina" (1 Corintios 12:4-11)

El énfasis de San Pablo en su carta no reside en los dones sino en el Espíritu que los otorga. Es el mismo Espíritu que produce todas y cada una de estas manifestaciones en los creyentes. El Espíritu puede despertar capacidades latentes, estimular y perfeccionar otras residentes, como también instalar nuevas capacidades. Así como el Espíritu no necesita de ningún aporte de nuestra parte para crear la nueva vida y convertirnos en hijos de Dios, así tampoco necesita de nuestros aportes naturales para concedernos sus dones. El Espíritu Santo es el mismo Espíritu creador de Dios y es libre de actuar del modo y de la forma que considere más conveniente para cada persona y para su obra.

Los dones espirituales son manifestaciones de la presencia del Espíritu Santo en la vida del creyente que muestran tanto su diversidad como la unidad de las personas de la Trinidad. El Espíritu Santo, suma los dones espirituales a las capacidades naturales o dones creacionales dados por el Padre y a los dones de salvación concedidos por el Hijo. La relación de los dones espirituales con las capacidades naturales o dones creacionales, como los dones salvíficos es tan íntima y estrecha que resulta muy difícil distinguirlos. Sin embargo, no pueden existir los dones espirituales si la persona no ha sido redimida por Cristo.

Una manifestación significa una revelación. En 1 Corintios 12 los dones espirituales son descritos como la expresión visible de la presencia y de la actividad del Espíritu Santo en la vida de un creyente. Es por esta razón que algunos consideran que los dones espirituales no guardan relación con las habilidades naturales o inherentes a la persona concedidas por el Padre, sino que se trata de capacidades espirituales nuevas y sobrenaturales. Sin embargo, una manifestación o revelación no significa necesariamente que este don sea nuevo, sino que no había sido visto aún o considerado como tal.

Algunas iglesias consideran los dones espirituales como nuevas creaciones de Dios en la vida de la persona. Otras iglesias consideran que los dones espirituales se valen de –o relacionan con– las capacidades naturales ya concedidas por Dios. Ambas coinciden en que es el Espíritu Santo el que opera estos dones y que los tales son manifestaciones del mismo. Como el Espíritu Santo es libre en su modo de actuar, no nos corresponde juzgar qué es lo que Dios hace en la vida de cada persona cómo y cuándo lo realiza, sino simplemente glorificarlo por habernos concedido su gracia y permitirnos participar de su obra. Muchas veces la identificación del "cómo" responde más a un intento por controlar el obrar de Dios, que una preocupación y reconocimiento sincero de los dones para ponerlos al servicio de Dios.

Importancia del reconocimiento de los dones de la Trinidad

¿De qué sirve saber qué persona de la Santísima Trinidad nos concede cada don? Saber qué dones hemos recibido de cada persona de la Trinidad nos permitirá desarrollar mejor nuestra vida y nuestra vocación en el tiempo y espacio en el que vivimos. Entender la relación que guardan los talentos naturales con los dones espirituales nos evitará el desgaste de querer hacer y lograr con nuestros propios esfuerzos lo que sólo se puede alcanzar con la fuerza y capacidad que nos concede el Espíritu Santo.

Nuestras capacidades físicas, mentales, emocionales, y espirituales se integran y adquieren su verdadero sentido cuando logramos entender cómo es la vida que Dios nos quiere dar. De este modo podremos consagrar más efectivamente todo nuestro ser a la obra de Dios. Sin embargo, este conocimiento no será útil si lo único que se pretende es tildar a ciertos dones como inferiores o superiores a otros estableciendo un cierto criterio de valor. Dios busca la integridad y no la fragmentación. Nuestra existencia la debemos al Padre, en tanto que nuestra nueva vida o redención la debemos a Jesús. Jesús es el dador de la vida eterna. Dio su vida y derramó su sangre para redimirnos de nuestra vana manera de vivir. Para hacer efectiva esta nueva vida, el Padre y el Hijo enviaron juntos al Espíritu Santo quien hizo posible el nuevo nacimiento en el creyente.

Cuando reconocemos los dones que recibimos del Padre, o dones creacionales, los dones que recibimos del Hijo, o dones de la salvación, y los dones del Espíritu Santo, o dones espirituales, podremos comprender el origen de las diferentes facultades que nos han sido otorgadas y la obra de cada una de las personas de la Trinidad en nuestro perfeccionamiento. También nos ayudará a no confundirnos con nuestras cualidades innatas, forzándolas para que sirvan al propósito de Dios sin permitir que Cristo los redima y el Espíritu Santo las dote de la nueva fuerza y propósito que se necesita para el reino de Dios.

La persona puede encontrar una mayor satisfacción con su vida vocacional o laboral cuando logra integrar estos conceptos y no entenderlos como divorciados uno del otro. En muchas ocasiones los creyentes usan sus cualidades naturales para su trabajo y los dones espirituales son reducidos al ámbito de la iglesia o del servicio cristiano. También se establece una diferenciación entre el trabajo secular (de este mundo) y el trabajo en el reino de Dios (de la iglesia), entendiéndose que para el primero se usan los talentos naturales en tanto para el segundo se requieren los dones espirituales.

Esto no sólo implica un desgaste innecesario para el creyente, sino también un pobre testimonio de lo que Dios es capaz de hacer con nuestras vidas. Hay personas que desarrollan un excelente trabajo en el área administrativa y contable en su labor diaria, porque Dios les concedió esa capacidad natural; sin embargo no aceptan realizar esa misma actividad para Dios en su iglesia. Allí prefieren cantar en el coro o realizar actividades educativas. ¿Qué impide integrar estos dones del Señor? Quizás el desconocimiento de lo que es un don, la falta de consagración de toda la vida a Dios o el haber limitado los dones espirituales a determinados ámbitos eclesiásticos.

Los dones no son como un hobby, aquello que nos gustaría hacer en nuestro tiempo libre. Los dones requieren que asumamos una responsabilidad con las capacidades que Dios nos ha concedido. Algunos creyentes sólo hacen para Dios aquello que les gusta hacer y que no les implica ningún esfuerzo, capacitación o sacrificio extra. Otros, en cambio, entienden los dones como una responsabilidad que hay que hacer aún cuando no les guste ni sepan cómo usarlos. Estos creyentes tampoco han comprendido qué son los dones y cómo se pueden aprovechar plenamente. ¡Qué hermoso es poder trabajar cada día en lo que me gusta, en aquello para lo cual Dios me ha creado y capacitado! ¡Qué bueno es saber que cada cosa que hago es un servicio al Señor y a mi prójimo! ¡Qué pena la de quien divide su tiempo para sí y para Dios, para el mundo y para la iglesia! ¿Sentirá en su vida la gracia que Dios le prodiga?

Lo más importante que nos enseña el Nuevo Testamento es que el don de la salvación divina ofrece a la humanidad la unión y la comunión con Dios por medio de su Hijo, Jesucristo. Esta unión conduce a la entrega de diversos dones a sus hijos para equiparlos para el servicio y la nueva vida. Por lo tanto, son dones de la gracia, facultades derramadas gratuitamente por la buena voluntad de Dios para hacer posible un ministerio efectivo día a día, sea donde fuere.

La interrelación entre los dones del Padre, del Hijo, y del Espíritu Santo es similar a la interrelación que existe entre las personas de la Trinidad. Todas y cada una de las personas de la Trinidad participan en la concesión de los dones para la salvación de la persona, la dignificación de la persona, y el testimonio al mundo de la gracia de Dios.

> "Ahora bien, hay diversos dones, pero un mismo Espíritu. Hay diversas maneras de servir, pero un mismo Señor. Hay diversas funciones, pero es un mismo Dios el que hace todas las cosas en todos" (1 Corintios 12:4-6)

> "Cada uno ponga al servicio de los demás el don que haya recibido, administrando fielmente la gracia de Dios en sus diversas formas. El que habla, hágalo como quien expresa las palabras mismas de Dios; el que presta algún servicio, hágalo como quien tiene el poder de Dios. Así Dios será en todo alabado por medio de Jesucristo, a quien sea la gloria y el poder por los siglos de los siglos. Amén." (1 Pedro 4:10-11)

Pedro explica con claridad que los creyentes reciben dones muy diversos, que deben ser usados bajo el poder del Espíritu Santo. La obra de Dios requiere una capacidad sobrenatural ya que no puede hacerse por el simple talento humano. Dios puede usar los talentos dados a la persona por naturaleza, pero cuando Dios unge la vida con su Espíritu estos talentos enaltecen a Cristo.

Cómo integrar los dones

Cuando Jesús llamó a Pedro y a Andrés les dijo que los haría pescadores de hombres. Dios los había dotado naturalmente para ser buenos pescadores. En el día de Pentecostés, Pedro y Andrés recibieron el Espíritu Santo, y bajo su influencia predicaron la palabra del Señor rescatando a miles de personas de sus pecados. Jesús los convirtió en sus discípulos, y el Espíritu en pescadores de hombres. ¿Qué ocurrió en la vida de Pedro y Andrés para que sus talentos naturales (pescadores) se convirtieran en dones espirituales (pescadores de hombres)? Fue necesario que sus vidas fueran redimidas por Jesucristo, que siguieran sus pisadas, y obedecieran sus palabras, y sus vidas fueran llenas por el poder del Espíritu Santo en el día de Pentecostés.

Otro ejemplo que nos puede ayudar a entender el modo de obrar de Dios: existen personas a quienes Dios el Padre concedió el don de hablar bien, con elocuencia, utilizando las palabras adecuadas. Cuando la gracia toca el corazón de esa persona con el evangelio de Cristo, toda su vida se va orientando hacia la voluntad de Dios y el Espíritu Santo le concede o manifiesta el don de comunicar la palabra de Dios. El don natural que poseía adquiere un nuevo sentido y se integra con los dones del Espíritu Santo sobre la base del don de Cristo. La persona encuentra ahora la verdadera razón de su existencia en el servicio a Dios y al prójimo.

Aunque este ejemplo ocurre a menudo en la vida de muchos creyentes, hay ocasiones en las que el Espíritu Santo obra de otras maneras. El Espíritu de Dios es libre de actuar cómo y cuándo quiere; y en virtud de ello puede manifestar dones nuevos en la vida de la persona regenerada. En algunos casos, los dones aparecen entonces de un modo sobrenatural, como la creación de una nueva capacidad para servir a Dios y al prójimo. La iglesia siempre ha tenido ambos tipos de dones en funcionamiento;

ambos dones siempre serán necesarios en el trabajo de la iglesia, aunque a menudo no se logren identificarlos correctamente.

La mayoría de las acciones de Dios en el Nuevo Testamento tienen su modelo en el Antiguo Testamento. En Éxodo 35:30-35, por ejemplo, se encuentra un modelo de los dones espirituales. En aquel entonces debían construir el tabernáculo o tienda del encuentro con Dios. Se necesitaba de toda destreza o habilidad artística para la construcción del tabernáculo y de sus muebles, para hacer túnicas, cortinas, y la vestidura sacerdotal. También se necesitaban trabajadores calificados. Para llevar a cabo esta tarea, que era un proyecto divino, Dios impartió los dones necesarios para el trabajo y la enseñanza. Estos hombres llenos del Espíritu no sólo utilizaron los dones artísticos para hacer objetos de arte, sino que también utilizaron los dones de la enseñanza a fin de preparar a otros.

Jesús también tiene un modelo para la edificación de su iglesia que implica la participación de todos de acuerdo con las capacidades que Dios les ha concedido. La principal calificación para esta obra procede de Jesucristo, quien nos hace aptos y aceptables ante Dios, mientras que el Espíritu Santo realiza su obra en nosotros y con nosotros, santificando y consagrando los dones que hemos recibido del Padre. ¡Qué bueno y qué agradable es poder participar de acuerdo a nuestras habilidades y voluntad en la expansión del reino de Dios!

Cuando un creyente logra integrar estos dones, no sólo trabajará con alegría, sino que también lo hará con un corazón agradecido a Dios. Sentirá que no está solo en esta obra; que es un trabajo mancomunado, guiado, orientado, y fortalecido por el poder del Espíritu Santo. Su cansancio sólo será aquel que trae la labor desarrollada y no el cansancio que surge de la frustración por tener que hacer lo que no le gusta. Muchas personas encontrarán en su trabajo, en su servicio, el claro testimonio de un nuevo estilo de vida, creado y recreado por Dios. Sea lo que sea lo que haga, sentirá la felicidad, el amor y la tranquilidad de que su vida contribuye a la gloria de Dios y el bienestar de su prójimo.

CAPÍTULO 3

Diferencia entre dones, frutos, capacidades naturales, y responsabilidades cristianas

Dones y talentos

Las capacidades naturales o talentos son aquellas habilidades que Dios el Padre ha concedido a todas sus criaturas y que se consideran innatas porque están presentes desde el nacimiento o se desarrollaron en virtud de las cualidades naturales. Todo ser humano tiene talentos o capacidades naturales, pero sólo los cristianos tienen dones espirituales, porque el Espíritu Santo sólo habita en el corazón que Cristo ha regenerado. Por lo general, cuando una persona llega a la fe en Cristo, el Espíritu Santo transforma o profundiza su capacidad natural convirtiéndola así en un don espiritual. Aunque también puede generar un don espiritual totalmente distinto a sus capacidades naturales.

Un talento es una capacidad que se desarrolla gracias a las cualidades genéticas innatas y a los intereses y aportes de los padres, la educación, las circunstancias de la vida, las oportunidades, y el entorno social. A pesar de ello, Dios es la fuente de todo talento. Todos tienen talentos, tanto el creyente como el incrédulo como parte de la imagen de Dios en ellos. Es posible que un talento latente se descubra o despierte cuando una persona se convierte. Lo tiene antes de confiar en Cristo, sin embargo lo consagra y desarrolla recién cuando la salvación se opera en su vida por el poder del Espíritu Santo.

La mayoría de las veces los dones espirituales se conceden y desarrollan sobre la base de los talentos del creyente. De ahí que las habilidades naturales pueden orientarnos en cuanto a los dones que hemos recibido, ya que rara vez los dones se contradicen con las habilidades y talentos que el Padre nos ha concedido. Más bien se potencian y adquieren significado por la acción del Espíritu de Dios. Si un don espiritual es una capacidad dada sólo por el Espíritu Santo al creyente, ¿por qué una persona que no es creyente puede tener más capacidad en esa área que una persona creyente con ese don? ¿Por qué un maestro que no es creyente parece más favorecido con el don de la enseñanza que otro que es creyente?

La principal diferencia entre los dones y las capacidades naturales está en el corazón o espíritu donde se motivan. Existen personas que han desarrollado muy bien los talentos naturales que Dios les concedió, pero como sus corazones no han sido redimidos por Cristo ni sus talentos han sido puestos al servicio de Dios, no pueden ser considerados como dones espirituales. En tanto que hay creyentes que han recibido dones del Espíritu Santo que necesitan pulirse y perfeccionarse para servir mejor a su propósito en el reino de Dios.

Capacidades y responsabilidades

Un don espiritual no debería definirse simplemente como una capacidad especial que el Espíritu Santo concedió al creyente, sino más bien como una responsabilidad hacia lo que hemos recibido de parte de Dios. Se observa muchas veces que lo que afecta nuestro servicio a Dios no es tanto el que no sepamos cómo desarrollar nuestra tarea (incapacidad para el trabajo) sino más bien que no podemos asumir la tarea por una falta de compromiso (incapacidad para la obediencia).

A menudo se entiende por don aquella capacidad (espiritual o no) de la que Dios dotó al creyente para servir a su iglesia; pero se entiende que esta capacidad surgió milagrosamente de un día para el otro. Sabemos que las capacidades no se adquieren de un día para el otro sino que requieren disciplina, hábitos y experiencia. De ser así, entonces, o las capacidades adquiridas no pueden llegar a ser dones (haber estudiado música, medicina, arte), o los dones, en vista de lo milagroso, no deberían considerarse capacidades.

Existe una diferencia entre las capacidades naturales y los dones espirituales que es difícil de observar ya que sólo se puede reconocer por las motivaciones; si la persona obra motivada por la fe en Cristo o simplemente porque tiene una capacidad innata para ello. Es por ello que los dones debieran considerarse más bien como responsabilidades que se asumen de servir a Dios y al prójimo, más allá de la capacidad con la cual se desarrollará el trabajo.

Frutos y dones

Otra de las diferencias es la que existe entre los dones y los frutos del Espíritu. El fruto del Espíritu es la calidad espiritual que se pretende lograr o cosechar en el cristiano, en tanto que el don es algo funcional cuyo fin reside en la manifestación del fruto. Comparando estos conceptos con la botánica, considerando que el fruto es aquello que resguarda la semilla cuya última finalidad es la de generar la nueva vida, podemos considerar, con las limitaciones que el ejemplo conlleva, que los dones son como las flores que, una vez fecundadas, dan origen al fruto. La variedad y multiplicidad de flores son como las multifacéticas formas que el Espíritu Santo es capaz de mostrar en la vida de los creyentes. Los colores, aromas, y formas más creativas y agradables persiguen la única finalidad de reproducir la vida, para que, aparecido el fruto en el cual se madura la semilla, permita que ésta traiga a la luz una nueva vida.

> "En cambio, el fruto del Espíritu es amor, alegría, paz, paciencia, amabilidad, bondad, fidelidad, humildad y dominio propio" (Gálatas 5:22-23)

Así también, los dones del Espíritu son variados y multifacéticos, de distintos aromas y colores, a veces uniformes, otras mezclados, sencillos y complejos, lentos y rápidos; pero con la única finalidad de manifestar el crecimiento, desarrollo, y expansión del fruto que viene por la fe. El amor demostrado en el ejercicio de un don, la alegría, la bondad, la paciencia, y muchos otros frutos son los que permitirán que la semilla del evangelio llegue a la vida de otras personas y germine en ellos la fe salvadora en Cristo Jesús.

Sin embargo, procurar el fruto del Espíritu sin ejercer los dones, sin florecer mostrando de un modo práctico y visible lo que Dios ha hecho en nuestra vida, es como pretender que un árbol dé frutos sin haber florecido. Si consideramos también que el fruto contiene la semilla del evangelio, muy difícil resultará para un creyente o una iglesia cumplir con su tarea de compartir el evangelio con otras personas sin realizar un reconocimiento y uso adecuado de los dones que el Señor les concedió, precisamente para manifestar el fruto del Espíritu al mundo. La misión sólo se desarrollará de modo efectivo cuando haya un claro entendimiento y uso de los dones. La misión de compartir el evangelio necesita de una buena semilla, madurada dentro del fruto del Espíritu, desarrollada a partir del trabajo de los dones nutridos por la savia que circula en las ramas que se mantienen unidas a la vid verdadera, que es Cristo Jesús.

El fruto como tal muestra nuestro verdadero carácter cristiano.

"Por sus frutos los conocerán" (Mateo 7:16)

Para determinar la autenticidad de la fe y del ejercicio de los dones es preciso determinar si condice con el carácter de Jesús. En Gálatas 5 al hablar San Pablo de las obras de la carne y del fruto del Espíritu surgen varias enseñanzas que es preciso tener en cuenta al hablar del fruto.

La enunciación de obras de la carne como la del fruto del Espíritu no es exhaustiva. Puede haber más frutos de los que están explicitados, estos son sólo algunos ejemplos. Las obras de la carne son resultado del accionar de la persona, en tanto que el fruto del Espíritu es una dádiva o don de Dios. Las obras están en plural porque son independientes y contradictorias, luchan entre sí y crean conflicto y caos en la persona. El fruto del Espíritu está en singular porque es uno, presta unidad a la vida y la hace coherente en Cristo. Ninguno de los frutos puede existir independiente ni aislado de los demás. Son parte integrante e inseparable de un conjunto.

Cuando se pretende adquirir el fruto en forma aislada sin considerar que es producido por el Espíritu por medio del ejercicio de los dones, se cae en el legalismo y en el moralismo. Se intenta convertir el fruto en obra, la gracia en esfuerzo humano, y se cae en la amarga decepción del fracaso. Así como estación tras estación el árbol florece y produce fruto, así la relación con Cristo produce una constante transformación, un constante cambio para formar a Cristo en la vida del creyente. El fruto del Espíritu no es añadido a la personalidad, sino que surge cuando la personalidad es transformada por la acción del Espíritu Santo.

Si bien los dones son dados por el Señor en forma selectiva, es decir, a algunos se les otorga ciertos dones mientras que a otros creyentes, otros dones diferentes, el fruto es aquello que el Espíritu produce en todos los creyentes, más allá del tipo de dones recibidos. El Espíritu Santo opera en el creyente para que produzca fruto de amor para sus semejantes: alegría profunda del corazón, serenidad o paz, paciencia o largura de ánimo, amabilidad en el trato, bondad o inclinación favorable del corazón, fidelidad, mansedumbre, dominio propio y otras cualidades que sólo el Espíritu Santo puede desarrollar.

Sin embargo, para que el espíritu manifeste este fruto debe luchar contra la carne.

> "Lo que es nacido de la carne, carne es; lo que es nacido del Espíritu, espíritu es" (Juan 3:6 RVR)

Si bien el dominio de la carne sobre la persona ha sido quebrantado por el poder de Cristo, la carne no deja de ejercer su influencia. Cuando el creyente reconoce por la fe que en la crucifixión de Jesús él mismo ha sido crucificado, entonces puede morir a la carne y vivir por el Espíritu.

No se trata de imitar exteriormente a Cristo sino de permitir que el Espíritu reproduzca a Cristo en nuestra vida. El Espíritu nos dará el discernimiento espiritual y la energía para pensar y actuar como él. Si el creyente no tiene un entendimiento claro de la función del Espíritu Santo y de la necesidad de subordinarse a él como Cristo se subordinaba en todo a su Padre, entonces habrá una escasa manifestación de Cristo en su vida.

Es por esta razón que todo creyente tiene la responsabilidad cristiana de mantener y expresar su unidad con Cristo respectivamente a través de los medios de gracia y la oración. La comunión con Dios por medio de la oración, el contacto con la palabra de Dios, la participación de la vida de la iglesia y de la Santa Cena, son responsabilidades de cada creyente y no deben confundirse con los dones de algunos o frutos de otros. Si bien algunos creyentes pueden tener mayor provecho de su vida de oración o de estudio de la Palabra por la relación con algún don en particular que Dios les ha concedido, es responsabilidad de todo hijo de Dios el uso y permanencia en los medios de gracia.

Características generales de los dones

Una de las imágenes que utiliza el apóstol San Pablo para describir a la iglesia es la de un cuerpo. En esa imagen presenta a los dones como los distintos miembros y órganos que lo componen. Este cuerpo tiene una organización, una estructura, y guarda relaciones simples y complejas entre sus órganos que no debemos dejar de considerar si queremos conocer mejor las características de los dones. En especial en el capítulo 12 tanto de la carta a los Romanos como de la primera carta a los Corintios, San Pablo dedica varios versículos a describir las características de los dones.

¿Por qué San Pablo se detiene en esta imagen? Quizás por ser un ejemplo tangible y concreto para cada persona de cómo funcionan las cosas que Dios creó. Porque esta maravillosa obra de Dios, es un pequeño mundo que merece ser descubierto día a día por la complejidad de sus virtudes. Pablo desea que el mismo interés que prodigamos a nuestro cuerpo y nuestra vida, la prodigamos también a la iglesia, el cuerpo de Cristo, y a nuestra relación con los demás miembros en el ejercicio de los dones.

> "Pues así como cada uno de nosotros tiene un solo cuerpo con muchos miembros, y no todos estos miembros desempeñan la misma función, también nosotros, siendo muchos formamos un solo cuerpo en Cristo, y cada miembro está unidos a todos los demás. Tenemos dones diferentes, según la gracia que se nos ha dado" (Romanos 12:4-6a)

> "De hecho, aunque el cuerpo es uno solo, tiene muchos miembros, y todos los miembros, no obstante ser muchos, forman un solo cuerpo. Así sucede con Cristo. Todos fuimos bautizados por un solo Espíritu para constituir un solo cuerpo, ya seamos judíos o gentiles, esclavos o libres, y a todos se nos dio a beber de un mismo Espíritu. Ahora bien, el cuerpo no consta de un solo miembro sino de muchos" (1 Corintios 12:12-14)

Tomando como base esta enseñanza de las Escrituras podemos encontrar las siguientes características que existen en la interrelación entre los dones.

Pluralidad

> "Ahora bien, el cuerpo no consta de un solo miembro sino de muchos" (1 Corintios 12:14)

El cuerpo no es un solo miembro sino muchos. La pluralidad de dones, órganos, y funciones en el cuerpo de Cristo es lo que caracteriza a la nueva comunidad creada por Jesús. La falta de reconocimiento de la pluralidad de dones en la iglesia ha provocado la concentración de actividades y funciones en algunas personas, sobre todo en los líderes o pastores, aunque no cuenten con los dones necesarios para ello. Esto implicó el crecimiento del clericalismo que promueve todos los dones en una sola persona. El Nuevo Testamento muestra a más de una persona involucrada en el servicio y liderazgo en la iglesia (Hechos 6:1-7).

Nuestro cuerpo vive gracias a que cada uno de los numerosos miembros que lo forman cumple la función que le ha sido asignada. A veces un órgano asume la función de otro pero sólo lo hace en parte y temporalmente, entonces, por lo general todo el cuerpo paga el precio, y ningún órgano puede asegurar las funciones de todos los demás. La pluralidad de dones es lo que permite la valoración de cada creyente dentro del cuerpo de Cristo. No hay miembros sin dones.

Diversidad

> "Ahora bien, hay diversos dones, pero un mismo Espíritu. Hay diversas maneras de servir, pero un mismo Señor"
> (1 Corintios 12:4-5)

No todos los miembros cumplen la misma función, hay diversidad de dones, de ministerios, y de funciones. La variedad es una de las características más impactantes de los dones, lo que muestra la abundancia de la riqueza del Espíritu, su creatividad, y lo divertido que es el reino de Dios.

Todo lo que Dios ha creado se caracteriza por su diversidad. Como en el cuerpo tenemos órganos que se ven y otros que no se ven, algunos que trabajan constantemente y otros que sólo lo hacen cuando estamos despiertos, otros que intervienen en forma intermitente, así también ocurre con los dones. Algunos órganos de nuestro cuerpo reciben grandes honores, y otros ni siquiera conocemos el nombre hasta que nos enfermamos. Algunos tienen una función constructiva y otros buscan el confort, el placer. Otros tienen un propósito purificador o preventivo con la finalidad de mantener nuestra salud. Algunos cumplen varias funciones y otros sólo asumen una. Sin embargo todos son igualmente necesarios para tener una buena salud. Dios ha colocado los miembros en el cuerpo como él quiso para que realicen la labor para la que fueron creados.

Del mismo modo ocurre en el cuerpo de Cristo. Hay ministerios visibles y otros que sólo Dios conoce. Hay servicios constantes y otros intermitentes; funciones honradas y funciones ignoradas. En el cuerpo no hay ningún órgano inútil aunque algunos duden de la utilidad de su contribución en la iglesia. Si nos detenemos en un don comprobaremos que puede presentarse de diversas formas; comenzando por: a quiénes dirige su don, cómo lo ejerce, con qué medios lo ejerce, en qué momentos o en qué lugares. La variedad que existe detrás de los dones no dejará de asombrarnos y divertirnos.

Complementariedad

> "El ojo no puede decirle a la mano: 'No te necesito.' Ni puede la cabeza decirles a los pies: "No los necesito." Al contrario, los miembros del cuerpo que parecen más débiles son indispensables..." (1 Corintios 12:21-22)

Todos los órganos son útiles, pero ninguno puede hacer todo el trabajo. Es la respuesta de Dios a los que se creen tan importantes que piensan que pueden hacer todo sin la colaboración de los demás. Esta visión corporativa del trabajo espiritual nos guarda de los sentimientos de frustración y orgullo. "Aquel que cree poder hacerlo todo no sirve, domina", dice un dicho popular.

En un culto de adoración, si bien es al predicador a quien se recuerda y a veces se felicita por sus palabras, han sido muchísimas las personas que han estado en la organización de un momento de la adoración. Desde quien interpretó la música de las canciones, quien limpió el templo, decoró el altar, levantó las ofrendas, interpretó las canciones, aquella persona que estuvo orando durante la semana por el predicador, quienes invitaron a su familia o amigos a escuchar la palabra de Dios, y muchos otros a quienes a menudo no tenemos en cuenta. Todos son importantes y necesarios, pero nadie es imprescindible.

Un complemento es aquello que sirve para completar o perfeccionar alguna cosa. Los dones se complementan entre sí para llevar a su fin la obra del Señor. Son las cualidades que completan la obra del Señor tanto en mi vida como en la de toda la iglesia.

Capítulo 3

Unidad

> "De hecho, aunque el cuerpo es uno solo, tiene muchos miembros, y todos los miembros, no obstante ser muchos, forman un solo cuerpo. Así sucede con Cristo. Todos fuimos bautizados por un solo Espíritu para constituir un solo cuerpo, ya seamos judíos o gentiles, esclavos o libres, y a todos se nos dio a beber de un mismo Espíritu. Ahora bien, el cuerpo no consta de un solo miembro sino de muchos" (1 Corintios 12:12-14)

Lo que equilibra la pluralidad y la diversidad es la unidad. Todos son colaboradores de Dios, servidores de Cristo y dependen de él para el crecimiento de su obra. Son uno porque tienen el mismo Señor, una misma meta, su fuerza tiene el mismo origen, su campo de trabajo es el mismo aunque sus funciones y sus dones sean distintos, todos están al servicio de Dios y de los demás creyentes.

La gloria de Dios en la iglesia es la meta en la que converge el ejercicio de todos los dones. Si el propósito se pierde de vista, la iglesia se convierte en un lugar en el que cada uno ejerce sus dones para su propia realización personal o para satisfacer sus ambiciones.

Así como en una sinfonía, cada músico interpreta las notas escritas para su instrumento de modo simultáneo con la convicción de que en el todo de la obra se produce la armonía que el director ha establecido; así también en la iglesia, cada miembro cumple con su función particular en el convencimiento del sentido que tiene en unión con el resto de los dones para la gran obra de Dios. A veces esto no lo percibimos, entonces será preciso detenerse a oír la obra completa para no perder el rumbo, en lugar de taparse los oídos y gritar más fuerte la parte que nos toca interpretar.

Es importante recordar esta característica de los dones en los momentos de desacuerdos y conflictos entre los creyentes. Los dones, si bien pueden estar en tensión por intereses "aparentemente contrapuestos", fueron otorgados por Dios para fortalecer la unidad del cuerpo. Si la unidad se ve amenazada, lo cual ocurre más de lo que imaginamos, será necesario determinar en oración y con la sabiduría que Dios nos da en la Palabra cuáles son los enemigos que atentan contra la unidad, resaltando lo que nos une en el Padre, en el Hijo, y en el Espíritu Santo. Todas las demás diferencias se volverán irrelevantes frente a esta unidad creada por Dios entre sus hijos.

Interdependencia

> "Si uno de los miembros sufre, los demás comparten su sufrimiento; y si uno de ellos recibe honor, los demás se alegran con él" (1 Corintios 12:26)

La relación entre los dones y miembros del cuerpo no es sólo para el trabajo. El propósito de Dios es que también compartan las felicidades y los sufrimientos. En esta interdependencia se observa el cumplimiento del mandamiento de Cristo: ámense unos a otros. La simpatía es clave en esta vivencia. La satisfacción, el estar con el que sufre o con el que recibe honra, la compañía, fortalece la unidad, la humildad y el servicio mancomunado.

Es bueno recordar los 30 "unos a otros" que el Espíritu Santo nos ha dejado en las Sagradas Escrituras.

1. "ámense unos a otros"
2. "perdónense unos a otros"
3. "dedíquense unos a otros"
4. "sopórtense unos a otros"
5. "anímense unos a otros"
6. "edifíquense unos a otros"
7. "no se juzguen unos a otros"
8. "acéptense unos a otros"
9. "aconséjense unos a otros"
10. "salúdense unos a otros"
11. "espérense unos a otros"
12. "preocúpense unos a otros"
13. "sírvanse unos a otros"
14. "oren unos por otros"
15. "tengan comunión unos con otros"

16. "dependan unos de otros"
17. "dense honor unos a otros"
18. "sométanse unos a otros"
19. "regocíjense unos con otros"
20. "lloren unos con otros"
21. "estimúlense unos a otros"
22. "sean hospitalarios unos con otros"
23. "apliquen sus dones unos con otros"
24. "sean humildes unos con otros"
25. "no digan cosas malas unos contra otros"
26. "no se quejen unos de otros"
27. "sean amables unos con otros"
28. "confiesen sus faltas unos a otros"
29. "lleven las cargas unos de otros"
30. "sean de un mismo sentir, unos con otros".

Las relaciones, que no siempre son gratas, ya que a veces también hay que soportar, esperar, aceptar en humildad, requieren de todos los creyentes el dar el primer paso en la ayuda mutua. Estas relaciones permiten afirmar la identidad propia de cada creyente, sin la cual se pierde la diversidad y la sana relación e intercambio. Finalmente es la iglesia toda quien recibe los elogios o los reproches de esta interrelación entre los miembros. La alternancia del singular y el plural que nos trae la palabra de Dios nos muestra que Dios se dirige a un colectivo singular: a muchos que son uno en Cristo.

Intercambio

> "Por su acción todo el cuerpo crece y se edifica en amor, sostenido y ajustado por todos los ligamentos, según la actividad propia de cada miembro" (Efesios 4:16)

La buena salud del cuerpo depende de los intercambios entre los distintos órganos. Por ello es importante que el cuerpo esté bien concertado y unido entre sí. Las coyunturas y ligamentos que lo sostienen y lo hacen coherente son los que cumplen con esta función. Sin coordinación entre los órganos no hay posibilidad de tener un desarrollo normal. La vida se manifiesta y se desarrolla por los intercambios y las relaciones recíprocas, las relaciones de cada miembro con la cabeza. Cualquier miembro que haya interrumpido sus relaciones está espiritualmente paralizado y se convierte en una carga para los que le rodean, y éstos deberán ayudarle a restablecer las relaciones que han sido cortadas.

Los intercambios son muy importantes entre todos los miembros de la iglesia para poder coordinar los ministerios, sobre todo entre los que ejercen un mismo ministerio. Habrá mucho trabajo que se hará dos veces, se gastará energía innecesariamente, y lo mismo ocurrirá con el tiempo y el dinero, y todo ello por falta de coordinación entre los miembros. Muchas actividades se llevarán a cabo con las mismas motivaciones que las del mundo, siguiendo el principio de la competencia en lugar de realizarse como funciones de un mismo cuerpo.

La cabeza del cuerpo es Cristo, sin embargo los líderes o dirigentes tienen la responsabilidad de mantener la cohesión y los intercambios en el cuerpo local. Pablo pone el acento en la coordinación entre los miembros. No se trata sólo de una relación de carácter productivo, una lógica empresaria necesaria para un trabajo mancomunado.

El intercambio de relaciones debe crearse no sólo en los momentos de adoración, sino también creando espacios para el conocimiento de los miembros y la comunión entre ellos. Ésta es principalmente una responsabilidad de los líderes que deben crear el intercambio entre los miembros, ya que no se producirá naturalmente. Más bien requerirá acompañamiento permanente para que se desarrolle y crezca.

Soberanía de Dios

"En realidad, Dios colocó a cada miembro del cuerpo como mejor le pareció" (1 Corintios 12:18)

A veces pensamos que si los creyentes fueran más espirituales todos deberían ser evangelistas, pastores o misioneros. No obstante, en la palabra de Dios, las calificaciones de los creyentes son muy diversas. Todos son dones de la gracia divina y su adquisición no está ligada al mérito humano. Los líderes y ancianos de una iglesia tienen un papel muy importante a la hora de discernir los dones que han sido entregados a los distintos miembros, pero no pueden ni otorgar estos dones, ni escoger para los miembros de su iglesia los que creen que les son más convenientes. Si un don viene de Dios, es algo evidente para todos y debe ser respetado por todos.

Reconocer, aceptar, y llevar a la práctica los dones tal y como Dios los ha distribuido nos guardará de juzgar o de despreciar al hermano, y permitirá a la iglesia responder exactamente a la vocación a la cual Dios la dirige.

Dios en su infinita sabiduría ha diseñado nuestro cuerpo de la forma que mejor le pareció, y así también sucede con nuestra congregación. Alabemos al Señor por su inmensa bondad y sabiduría, por habernos puesto juntos y estar en la misma obra.

Preguntas para reflexión

1) ¿Cuál es el significado de la palabra don? ¿Qué tres importantes características debe tener un don? ¿Cómo relacionarías estas tres características con el concepto antes citado del don como regalo, herramienta, y manifestación?

2) ¿Cómo definirías los dones que nos ha concedido Dios el Padre? ¿Cómo crees que esta enseñanza podría ayudar a una persona que no es creyente?

3) ¿Cuáles son los dones que nos concedió Dios el Hijo? ¿Cómo los consiguió? ¿Cómo llegaron estos dones a tu vida? ¿Qué provecho has obtenido al recibirlos?

4) ¿Qué propósito persiguen los dones del Espíritu Santo? ¿Qué relación guardan con los dones del Padre?

5) ¿Qué relación guardan los dones con los frutos? ¿Cuáles revisten mayor importancia? ¿Cómo se promueve en tu comunidad los frutos del Espíritu?

6) ¿Hacia qué apuntan todas las características generales de los dones? ¿Cuál de estas características es poco tenida en cuenta en tu iglesia? ¿Qué razones habrá para ello?

Capítulo 4

La gran variedad de dones

La multiplicidad y variedad de dones que Dios ha concedido por medio del Espíritu Santo no permite el desprecio del más "insignificante" de los dones como tampoco la "exaltación" de cualquiera de ellos. Es verdad que hay algunas enumeraciones de dones en el Nuevo Testamento que pueden dar lugar a una cierta jerarquización de algunos dones, en especial los relacionados con la Palabra por sobre los dones de servicio. Pero ello no autoriza a desconocer que cada uno de los dones es esencial a la existencia en conjunto del cuerpo de Cristo.

Así como la belleza y el valor de un diamante dependen de cada una de sus caras, así también el valor de cada don está en función de hallarse orientado al propósito de Dios, y no en función de su tamaño, brillo, o dimensión. El don más insignificante a los ojos de los hombres puede ser el más importante a los ojos de Dios. La importancia la adquiere el don de aquel creyente quien es más dócil al trabajo del Espíritu Santo, esto es, el más consagrado al servicio. Pero esta apreciación sólo corresponde a Dios. Nadie puede arrogarse el derecho de juez frente a los dones. Por eso es insoportable la arrogancia y el engreimiento por los dones recibidos, en tanto resulta loable la reiterada imagen del cuerpo de Cristo y la necesaria relación entre sus miembros para la humildad. A veces los dones más enaltecidos por la iglesia no son necesariamente los más eminentes en la obra total del reino de Dios.

Por eso nadie tiene el monopolio de los dones, ni existe una persona que tenga todo tipo de dones. Su carácter corporativo y su objetivo centrado en la edificación de los demás creyentes, como su intención de llevar la fe a los incrédulos, no permite que el don sea un fin en sí mismo.

Los dones no se limitan a aquellos que se ejercen dentro de la iglesia. Todos los dones vienen de Dios y existen muchos que requieren ser desarrollados en las actividades diarias. Dado que muchos dones se valen de las habilidades naturales que Dios concede a las personas, pueden surgir constantemente nuevos dones o manifestaciones del Espíritu y diferentes formas de servir a Dios y al prójimo, las que antes no se consideraban tales.

El ejercicio de los dones aumenta su eficacia; el desuso, los atrofia. Los dones no son adornos para la iglesia sino que son herramientas para el servicio a fin de dotar al pueblo de Dios para la obra del ministerio, para la edificación del cuerpo de Cristo. Este servicio requiere que el cuerpo se adapte a las distintas épocas y circunstancias que le tocan vivir permitiendo que el Espíritu lo dote de nuevas y más eficaces herramientas dependiendo de las necesidades que se viven.

Éstos no son todos

Los dones mencionados en la Biblia no son todos los dones que existen. Hay muchos dones que no son mencionados en las listas de San Pablo y que están al servicio de la iglesia en el mundo. No sólo son los dones que han surgido posteriormente dadas las circunstancias cambiantes del mundo, sino también otros dones que ya eran usados en la iglesia del Nuevo Testamento pero que no están mencionados en el mismo.

Lamentablemente, el desconocimiento de la obra del Espíritu Santo tanto en el creyente como en la iglesia sumado a un deseo por "encasillar" la obra de Dios dentro de ciertos parámetros humanos ha llevado a los creyentes a limitar las manifestaciones del Espíritu y por ende la gracia de Dios a ciertos dones mencionados en la Biblia, pretendiendo además que cada creyente se encuadre dentro de los mismos. Esto ha traído mucha frustración a quienes no veían sus dones dentro de los mencionados en la Biblia. Otros optaron por dar por fenecidas a algunas de esas manifestaciones ya que aparentemente ninguna persona tenía esos dones tal como se los presentaba en las Escrituras. Con el fin de armonizar los dones de la Biblia con los de la actualidad otros creyentes optaron por modificar la definición de ese don sugiriendo nuevas alternativas y opciones similares. ¡Cómo nos cuesta aceptar la libertad del Espíritu! ¡Cuánto más nos cuesta aún someternos a su voluntad y no crear nuevas tradiciones para "proteger" nuestras estructuras!

Los movimientos carismáticos no dejan de ser un grito desesperado de los creyentes por participar de la obra de Dios de acuerdo a sus dones, aunque lamentablemente, en muchos casos, volvieron a crear nuevas leyes y estructuras que exigen que en todos los creyentes se observen las mismas manifestaciones del Espíritu. Otras iglesias optaron por permitir toda manifestación sin examinarla a la luz de la Palabra aun cuando no guardaba ninguna relación con el trabajo que la iglesia debía desarrollar.

Quizás el fanatismo religioso o una mala hermenéutica hayan originado todos estos malos entendidos respecto de los dones, con el siguiente perjuicio que ocasionaron a todos los creyentes. El Espíritu Santo, el mismo que nos concede estos dones, es el que puede orientarnos para entender su obra. Sólo necesitamos dejar que él nos guíe.

Para algunos creyentes los dones fueron los de ayer, los de las Escrituras, y no hay más que ésos. Para otros, esos dones mencionados en las Escrituras fueron sólo para los primeros tiempos de la iglesia, para el uso exclusivo de los apóstoles antes de la formación del canon del Nuevo Testamento. Una vez aparecida esta parte de la Biblia que ahora rige la vida de la iglesia, estos dones desaparecieron. Otros optaron por darle un nuevo sentido y significado a aquellos dones del ayer procurando recrear la iglesia del Nuevo Testamento. En definitiva, el interés siempre estuvo, porque la iglesia los necesita para desarrollar su obra, el creyente los necesita para desarrollar su fe, y el mundo los necesita para ver la gracia de Dios aquí en la tierra.

Las listas de dones que hay en la Biblia

No hay ningún indicio de que el apóstol Pablo haya considerado estas listas como únicas y exhaustivas, y por lo tanto normativas para todas las comunidades cristianas en todo tiempo. La misma diferencia entre las listas confirma la impresión de que Pablo tomó algunos ejemplos relevantes para las comunidades de su tiempo, con el fin de explicar su enseñanza y mensaje. Por lo tanto, las listas deben entenderse como abiertas. Cada comunidad cristiana ha de estar dispuesta a recibir del Espíritu nuevos dones necesarios para responder a los desafíos de su tiempo.

Los dones que aparecen mencionados en las cartas de San Pablo son:

DON	PASAJE
1. Don de profecía	Romanos 12:6
2. Don de servir	Romanos 12:7
3. Don de enseñar	Romanos 12:7
4. Don de animar	Romanos 12:8
5. Don de socorrer a los necesitados	Romanos 12:8
6. Don de dirigir	Romanos 12:8
7. Don de mostrar compasión	Romanos 12:8
8. Don de palabra de sabiduría	1 Corintios 12:8
9. Don de palabra de conocimiento	1 Corintios 12:8
10. Don de fe	1 Corintios 12:9
11. Dones de sanar enfermos	1 Corintios 12:9
12. Don de hacer milagros	1 Corintios 12:10
13. Don de profecía	1 Corintios 12:10
14. Don de discernir espíritus	1 Corintios 12:10
15. Don de hablar en lenguas	1 Corintios 12:10
16. Don de interpretar lenguas	1 Corintios 12:10
17. Don de apóstol	Efesios 4:11
18. Don de profeta	Efesios 4:11
19. Don de evangelista	Efesios 4:11
20. Don de pastor	Efesios 4:11
21. Don de maestro	Efesios 4:11

Existen otros dones explicitados en el Nuevo Testamento como el don de administrar en 1 Corintios 12:28 y el don de la hospitalidad en 1 Pedro 4:9-11 que a veces están incluidos en estas listas. También hay dones que se repiten en las tres listas arriba citadas como el don de profecía. Todo esto es indicativo de que estas listas son simplemente ejemplos de algunos de los dones que el Espíritu ha dado a la iglesia para que cumpla con su misión. Hay otras enumeraciones que el apóstol realiza en otras cartas que no son limitativas, como el fruto del Espíritu en Gálatas 5:22-23.

Distintas clasificaciones

Aunque es posible clasificar los dones mencionados en distintas categorías (relativos a la Palabra; relativos al servicio o asistencia a la comunidad; relativos a la administración u organización de la comunidad, etc.), debe tratarse con cuidado la "jerarquización" que Pablo hace cuando anima a los corintios a "que ambicionen los mejores dones", porque en el capítulo 13 demuestra contundentemente que los mejores dones son los que se ejercitan en amor. Aunque Pablo le dio prioridad al don de profecía por sobre el don de lenguas, y también exhorta a los corintios a dar más honor a aquellos miembros del cuerpo cuyas vidas y dones son aparentemente más insignificantes, no le conviene a la iglesia establecer jerarquías que podrían llevar a: a) que algunos creyentes se crean mejores que otros; b) que algunos desestimen los dones que recibieron de Dios porque no son "los que más se necesitan"; c) que algunos creyentes puedan determinar o elegir sus dones por sobre la voluntad y sabiduría de Dios. En este caso, los dones dejarían de ser producto de la gracia de Dios. El amor (1 Corintios 13) es el camino más excelente para servir en la iglesia con cualquier don que Dios ha dado.

Tampoco se puede extraer de estas listas una distinción entre dones considerados ordinarios (naturales) y dones considerados extraordinarios (sobrenaturales), con el resultado de calificar los últimos más relevantes que los primeros o viceversa. La distinción entre lo ordinario y lo extraordinario varía de una cultura a otra, y por cierto nuestra manera moderna de hacer tal distinción era desconocida en tiempos bíblicos. Al caer tal distinción, se hace también irrelevante el viejo debate acerca de si los carismas son un don permanente para la comunidad cristiana, o si se agotaron al fin de la era apostólica.

Un talento tan ordinario como la música o la enseñanza puede ser un carisma, en tanto se acepte gozosamente como un don del Espíritu y se ponga al servicio de la vida y de la misión de la iglesia. Una experiencia como hablar en lenguas o danzar, tan extraordinaria para algunos, puede ser un don ordinario para comunicar el gozo indecible de la presencia del Espíritu a una comunidad para cuya cultura las formulaciones más intelectuales de la fe carecen de poder comunicativo. Lo que es claro es que para Pablo una iglesia sin diversidad de dones carece de las condiciones necesarias para existir.

No existe un orden especial en el cual la Biblia presenta los dones. Sin embargo algunos pretenden clasificar los dones por su naturaleza en dones de revelación, dones de poder y dones de expresión. Otros distinguen entre dones viajeros (apóstoles, maestros, y evangelistas) y dones locales (pastores, los que presiden, y los que ayudan). O bien los dividen conforme a su función tal como proclamación, enseñanza, servicio, y administración. Algunos tratan de distinguir entre dones públicos y privados o entre funcionales y oficiales. Otros intentan distinguir entre dones extraordinarios que son carismáticos, completamente sobrenaturales, más allá del control de la persona (profecía, milagros, sanidades, y lenguas) y los que llaman ordinarios o no carismáticos que incluyen habilidades humanas naturales (enseñar, gobernar, administrar, ayudar, dar, tener misericordia).

La Biblia no distingue entre dones más sobrenaturales y menos sobrenaturales, Todos son parte de la obra del Espíritu en la iglesia. Como algunos creyentes confunden espectacular con sobrenatural, no pueden ver en lo simple y en lo cotidiano algo sobrenatural.

Breve descripción de los dones mencionados en el Nuevo Testamento

El don de apóstol

"Él mismo constituyó a unos, apóstoles" (Efesios 4:11)

En la iglesia primitiva se llamó apóstoles al selecto grupo escogido que llevó a cabo el ministerio de Cristo. Su tarea fue el liderazgo de la primera iglesia después de la resurrección de Cristo y funcionó como mensajeros o enviados de Dios. En la actualidad suele aplicarse de manera más amplia a quienes poseen un destacado espíritu apostólico, hacen una contribución destacada a la ampliación de la obra de la iglesia, abren nuevos campos misioneros y supervisan los principales órganos del cuerpo de Jesucristo.

Apóstol significa enviado. Los apóstoles eran los mensajeros que las iglesias comisionaban y enviaban. Los doce discípulos fueron apóstoles en un sentido especial. Debían predicar, enseñar, y establecer la iglesia, y testificar de la resurrección de Jesús. Sin embargo hubo otros 70, mencionados en Lucas 10:1 para los cuales Jesús usa la misma palabra y la misma comisión. También lo fueron Pablo y Bernabé (Hechos 14:4) y otros, como Andrónico y Junias (Romanos 16:7).

En un sentido estricto, un apóstol tenía que ser testigo ocular de la resurrección y de las enseñanzas de Jesús. Era su deber testificar acerca de esta resurrección, y solía acompañar su trabajo con señales y prodigios, enseñar a la gente, priorizando el ministerio de la Palabra. El apóstol era un delegado, uno comisionado para una tarea o una función específica, uno que es enviado con un mensaje. Las tres cualidades de un apóstol eran: haber tenido un encuentro visible con el Cristo resucitado; dedicarse a plantar o establecer iglesias; acompañar su ministerio con señales, maravillas, y milagros. Éstos eran los apóstoles fundadores, y obviamente su ministerio fue único y en un sentido irrepetible. Sin embargo, en el Nuevo Testamento se mencionan otros apóstoles para indicar que este don seguía vigente en la iglesia, como otros más comúnmente reconocidos como los dones de evangelista, pastor y maestro. Algunos consideran que éste es un don que se aplicaba solamente a los apóstoles de la iglesia primitiva y que por lo tanto ya no existe en las iglesias cristianas. Sin embargo, en Efesios 4:11 dónde se lo menciona, se declara que estos dones fueron dados:

> "a fin de capacitar al pueblo de Dios para la obra de servicio... hasta que todos lleguemos a la unidad de la fe y del conocimiento del Hijo de Dios..." (Efesios 4:12-13)

Esta tarea continúa hoy, y para ella se necesitan estos dones.

En la actualidad, algunos consideran que los misioneros, hombres maduros en la fe y adiestrados en el trabajo de la iglesia, que no son enviados hasta que han ganado experiencia y cuyo servicio no se limita a la iglesia local, son en cierta manera apóstoles que establecen iglesias y velan por ellas en su etapa de fundación. Hay otros que dan este nombre a quienes actúan como líderes y supervisores de los pastores en las iglesias o –en un sentido mucho más amplio– a quienes hacen de su profesión "un verdadero apostolado".

Gracias a los creyentes a quienes Dios ha concedido este don la iglesia se sigue extendiendo más allá de las fronteras, no sólo predicando la Palabra sino estableciendo iglesias que continúan el ministerio que Cristo nos ha encomendado de hacer discípulos a todas las naciones. Es cierto que hoy en día existen organizaciones misioneras a quienes Dios desafía constantemente a preparar los dones de quienes él ha llamado a plantar nuevas iglesias. Las iglesias a veces no comprenden lo que implica ejercer el apostolado en el contexto del oficio misionero, y a veces envían a quien simplemente tiene entusiasmo evangelístico, sin considerar los costos que implica plantar una iglesia. Gracias al Señor el Espíritu Santo sigue llamando, formando, y enviando por medio de la iglesia estos experimentados líderes que dejan sus familias, sus amigos y a veces hasta su patria para abrir las puertas a la salvación a las almas perdidas que muchas veces desconocen. Oremos por este ministerio que tantos obreros necesita aún.

"La cosecha es mucha y los obreros son pocos" (Mateo 9:37)

El don de profeta y el don de profecía

"Él mismo constituyó... profetas" (Efesios 4:11)

"Si el don de alguien es el de profecía, que lo use en proporción con su fe" (Romanos 12:6)

"A unos Dios les da por el Espíritu... profecía" (1 Corintios 12:10)

Éste es el único don que se repite en las tres cartas de San Pablo; aunque en una oportunidad como la función de profeta y en dos oportunidades como el don de profecía.

La etimología de esta palabra se compone de "pro" que significa "delante", y "femi" que significa "hablar". El sentido primario de la palabra no es el de predicción o pronóstico como suele entenderse cuando se ve al profeta como un vidente o agorero, sino que el sentido de la palabra es interpretativo, declaratorio, o expresivo de la voluntad y el consejo de Dios.

Tiene que ver con adquirir conciencia de las verdades reveladas por Dios y proclamarlas a medida que son manifestadas. Las expresiones proféticas van acompañadas de una profunda percepción espiritual. Casi siempre, en el Antiguo Testamento, se llamaba vidente a quien tenía visión profética.

El profeta es uno que habla públicamente en lugar de otro. En el Antiguo Testamento era uno sobre quien reposaba el Espíritu de Dios, a quien Dios hablaba para que hablara en su nombre. Se considera al profeta un vocero espiritualmente maduro, portador de un mensaje divino especial dirigido a la iglesia o el mundo. En ciertas ocasiones recibe el don de prever los acontecimientos futuros, pero principalmente es el que proclama la revelación de Dios.

La persona que ha recibido este don del Espíritu Santo, es muy posible que haya sido dotado naturalmente por Dios de una capacidad excepcional para percibir cuestiones relacionadas con la vida de las personas o de la comunidad. La persona ve la totalidad de la vida con una percepción profética especial. Por ello algunos le han dado a este talento natural o don creacional el nombre de percepción, para distinguirlo de los dones de Efesios 4:11 y 1 Corintios 12:10.

El propósito de los profetas era el de edificar, alentar y consolar a los creyentes con sus palabras, como también reprender y juzgar al incrédulo descubriendo los secretos de su corazón (1 Corintios 14:3, 24-25). Para esto era preciso que el no creyente entendiera lo que estaba hablando el profeta. De este modo podría reconocer la presencia de Dios entre su pueblo, darse cuenta de su pecado y creer en Jesucristo como Salvador. El don de profeta puede ser ejercido tanto hacia los creyentes como hacia los incrédulos, en el convencimiento que la Palabra produce el efecto que corresponde en el corazón de cada persona y no vuelve vacía.

La persona que tiene este don sabrá contemplar la totalidad de la vida con el deseo de que la convicción de pecado, la responsabilidad, el arrepentimiento, la confesión, y una percepción profunda de Dios ocupen un lugar central. Quien ha sido bendecido con este don siente una profunda preocupación por ver que los motivos sean correctos y la gente se enfrente con la verdad acerca de sí misma, y entienda claramente las realidades que hay detrás de lo que hace. Es por ello que este don debe ser usado con humildad y con el oído atento a Dios.

El don de la profecía, como todos los dones, debe someterse a las enseñanzas de la Palabra y ajustarse a la doctrina de los apóstoles. También existen falsos profetas que no comunican lo que Dios les ha revelado sino sus propios pareceres. Ni siquiera la verificación o cumplimiento de lo anunciado es un criterio válido para declarar verdadera una profecía, sino su armonía con la revelación completa de la palabra de Dios.

Hay quienes opinan que este don fue dado porque la primera comunidad de fe no contaba aún con las Escrituras del Nuevo Testamento, y que una vez conformado el mismo, la Palabra vino a ser la principal fuente de revelación de la voluntad de Dios, y por lo tanto ya no había necesidad de este don. Al igual que en el caso de los apóstoles, es preciso considerar que estos dones fueron concedidos por Dios a fin de formar a Cristo en los creyentes, tarea que no concluye con el paso del tiempo, ni con la aparición del canon del Nuevo Testamento.

El don de profecía, también llamado don de comunicar mensajes de parte de Dios, permanece vigente por cuanto los seres humanos necesitan conocer la revelación de Dios para la salvación de sus vidas, en tanto que los creyentes necesitan esta misma revelación para la edificación de su fe, la exhortación, y el consuelo frente a las pruebas y sufrimientos que les tocan vivir. Las revelaciones no necesariamente comprenden sucesos del futuro; las revelaciones son esencialmente conocer la voluntad de Dios para nuestra vida, la cual no siempre buscamos por voluntad propia, sino que es gracias a los profetas que Dios ha levantado que estas palabras del Señor llegan a nosotros.

El don de la profecía puede ser entonces la habilidad de aquellos que, mediante un acercamiento a la palabra de Dios, se les permite ver la vida desde una perspectiva especial y proclamar una palabra que el oyente necesita en su contexto, como también la manifestación de una profecía hecha pública proclamando alguna enseñanza o reflexión bíblica que Dios haya puesto en su mente. El don de la profecía implica hablar con franqueza y visión, bajo la autoridad del Espíritu de Dios, demostrando valor en lo moral y un inquebrantable compromiso con los valores dignos, e influyendo sobre los que están en nuestra esfera de acción con un espíritu positivo de justicia social y espiritual.

A Dios gracias en la iglesia nunca faltaron los creyentes que con una visión especial comunicaron la Palabra del Señor. A menudo sólo vemos lo que queremos ver. Gracias a los profetas que tienen esta percepción especial del Espíritu y de las cosas de Dios se sigue desarrollando nuestra fe. El don de la profecía suele observarse en muchos pastores y predicadores que comunican verdaderamente el mensaje que han recibido de Dios aplicado a la vida de sus oyentes. Gracias a ellos recibimos la orientación que nuestra vida requiere y la visión de Dios sobre lo que es correcto.

El don de evangelista

"Él mismo constituyó... evangelistas" (Efesios 4:10)

El don de evangelista es una capacidad especial que el Espíritu Santo otorga a algunos creyentes para permitirles, por medio de la predicación o del testimonio, compartir el evangelio de Cristo de modo tal que atrae a los incrédulos a la experiencia de la salvación. Desde el punto de vista funcional, el don de evangelista contribuye a la conversión de nuevas personas a la fe, mientras que los pastores y maestros se ocupan de educar y sostener la fe que los nuevos conversos han recibido.

Los evangelistas son anunciadores de las buenas nuevas de Jesucristo que vino a salvar al mundo. Su destino son las personas que no conocen al Señor Jesús. Los evangelistas no van a las iglesias sino a los incrédulos, por lo cual se desenvuelven principalmente fuera del ámbito de la iglesia; no así los profetas quienes se dirigen especialmente a los creyentes.

Las buenas noticias que el evangelista anuncia implican en primer término un enfrentamiento de la persona con la ley de Dios, su pecado, y la condenación para luego recibir por la gracia de Dios, el perdón de Dios en Cristo Jesús, la salvación, y la vida eterna. Esta experiencia sublime, el encuentro de Dios con el pecador, su nuevo nacimiento operado por el Espíritu Santo, exige que el evangelista esté sumamente seguro de que su trabajo está en estrecha relación con el Espíritu Santo, y que se consagre constantemente a la oración por los incrédulos.

Es necesario también un buen manejo de la ley y el evangelio. Ninguna persona que no reconozca su pecado puede llegar a la fe en Cristo Jesús como su Salvador. Quizás puede estar "convencido" de que el mensaje es bueno y digno de creerse; pero no estará "convertido" a menos que el Espíritu Santo obre en su corazón produciendo un genuino arrepentimiento y verdadera fe. El evangelista no diluye ni falsea el contenido del mensaje para conseguir adeptos; es claro y veraz para que Dios actúe en la vida de la persona, y si esto no ocurre, sabe que su labor debe continuar confiando en la acción y poder del Espíritu Santo.

El don de evangelista aparece mencionado tres veces en el Nuevo Testamento (Hechos 21:8; Efesios 4:11; 2 Timoteo 4:5). Aparentemente, muchos de los que pertenecían a la iglesia primitiva eran itinerantes. El mensaje del evangelista se dirigía sobre todo a los inconversos, y esto se considera como parte de la tarea de perfeccionar a los santos para la obra del ministerio. Predicar a Cristo a los que no creen en él sirve para capacitar y estimular a los creyentes para que difundan el mensaje del evangelio.

Como uno de los miembros de un equipo de cinco personas mencionado en Efesios 4:11, (apóstol, profeta, evangelista, pastores y maestros) el evangelista debía estar inseparablemente ligado a la iglesia local; todos los evangelistas deberían tener una iglesia desde la cual operar y a la cual capacitar a lo largo de un proceso continuo. Pero su campo es el mundo. A veces el énfasis en el ejercicio de este don en pro de la evangelización del mundo ha resultado contradictorio para el crecimiento de la iglesia. Un nuevo creyente necesita una familia donde incorporarse para mantener su fe y crecer en ella. Nadie engendra un niño para dejarlo a la deriva. Así tampoco es natural que se lleven las buenas noticias de la salvación y no se incorpore el nuevo creyente a una iglesia para que pueda crecer en ella.

Este don que algunos creyentes han recibido del Espíritu se caracteriza por la prontitud y facilidad que tienen para comunicar el evangelio de Cristo sin tantos rodeos. Han recibido de Dios una especial disposición por hablar del Señor Jesús y la necesidad de que la persona lo tenga en su vida. Sin vergüenzas ni tapujos confrontan a la persona con su pecado y su condenación para ofrecerle dulcemente el evangelio salvador de Jesús. Son seguros al compartir el evangelio y lo hacen con autoridad, como entendiendo que se trata de una lucha donde es preciso rescatar un alma. La iglesia necesita de estos dones para poder compartir el evangelio con el mundo que la rodea y salvar las vidas esclavizadas por el pecado.

El don de pastor

"Él mismo constituyó... pastores" (Efesios 4:11)

La palabra pastor deriva de una raíz que significa proteger o cuidar. Es el que alimenta y cuida al rebaño, lo conduce, orienta y brinda afecto. La palabra pastor en el sentido moderno equivale más a un líder de una comunidad, un anciano, presbítero u obispo. Su tarea principal es la de impartir instrucción con la palabra de Dios, nutriendo, enseñando, explicando, y aplicando sus enseñanzas.

El Nuevo Testamento usa esta palabra para referirse al pastor cristiano, a quien encomiendan el cuidado y orientación de otros. Este término se aplica metafóricamente a Cristo en varias ocasiones. (Juan 10:11, 14, 16; Hebreos 13:20; 1 Pedro 2:25). El término griego *poimen* define la naturaleza de la tarea a realizar, y a menudo se usa de manera intercambiable con obispo, que define la responsabilidad de encargarse o proporcionar supervisión, y con la palabra anciano, que describe el carácter propio del pastor: una persona que es ejemplo por su madurez y su experiencia. Las responsabilidades pastorales son múltiples, como se ve en las instrucciones de Pablo a su joven discípulo-pastor, Timoteo:

> "Te encarezco que prediques la palabra; que instes a tiempo y fuera de tiempo; redarguye, reprende, exhorta con toda paciencia y doctrina" (2 Timoteo 4:2)

La tarea del pastor no es espectacular. Requiere trabajo constante, trabajo que no necesariamente se ve. Son muy pocos los que la hacen. Pablo describe las cualidades que se requieren en 1 Timoteo 3:1-7 que implican una vida intachable, el no buscar la propia gloria, no tener preferencias, y brindar a cada cual lo que necesita: ternura maternal o exhortación paternal.

El don de pastor suele complementar las habilidades naturales de quienes son líderes por influencia y ejemplo, de quienes tienen un profundo espíritu familiar capaz de velar por niños, jóvenes, adultos, y ancianos igualmente. Suelen tener un espíritu paternal, un afecto de madre, la disposición de una enfermera, la voluntad dispuesta de la empleada doméstica, los conocimientos de un portero de edificio, la amabilidad de una recepcionista, y la seriedad de un policía.

Es difícil reconocer su trabajo, porque generalmente se nota más cuando no está presente. Gracias a Dios existen quienes cuidan a diario de nuestras vidas orando y mirando por los peligros que nos pueden ocurrir. Aunque ansiosos por nuestro crecimiento, suelen esperar hasta tener permiso para hablar y exhortar. Paño de lágrimas de muchos afligidos y brújula de muchos desorientados y confundidos, suele estar cuando ya hemos tocado fondo. Poco valorado y sumamente criticado, busca el alimento para sus ovejas, las guarda en el redil, las cuenta y vela por su seguridad. A ellos debemos nuestra permanencia en la fe.

Aunque a veces el profesionalismo tornó este don como una carrera más, el pastor es una persona pública y como tal predica especialmente con el ejemplo de vida consagrada, con su familia, y con su incansable anuncio de la Palabra. El pastor al cual en muchas oportunidades se le pide asumir otras responsabilidades, lo hará gustoso o no, porque hará cualquier cosa por sus ovejas. Su ternura es un ejemplo de aquel que dio su vida por las ovejas, sin importarle si le correspondía o no.

El don de maestro y el don de la enseñanza

"Él mismo constituyó... maestros" (Efesios 4:11)

Hay una leve variación en la construcción gramatical en los originales, lo que ha llevado a algunos exégetas a entender que los que integran el último grupo son un mismo don: pastores y maestros o pastores que enseñan. En la práctica, es probable que lo mejor sea que estos dos ministerios se mantengan estrechamente relacionados. Los que tienen el don de pastorear deberían prestar atención al desarrollo de habilidades docentes. Los que tienen el don de enseñar debieran desempeñarlo dentro de un contexto pastoral.

Los maestros, entonces, son los que han recibido el don para enseñar la sana doctrina. Casi siempre son capaces de comunicarse bien y demuestran una gran profundidad en cuanto a sabiduría y conocimiento bíblicos. Como título, solamente es asignado a Jesucristo, como tarea es utilizado para quienes enseñan en las iglesias.

El don de la enseñanza es una habilidad natural o sobrenatural que Dios le concede al creyente para explicar y aplicar las verdades recibidas de Dios para la iglesia. Presupone el estudio y la guía del Espíritu que permite presentar con claridad la verdad divina al pueblo de Dios.

En el griego clásico esta palabra sugiere la idea de hacer que alguien acepte algo. Se puede traducir como enseñar, informar, instruir, demostrar o prescribir. Tiene como meta comunicar conocimientos y habilidades de manera sistemática, para lograr el desarrollo de las personas. Los maestros se entregan a los hechos y a la instrucción sistemática. En el Nuevo Testamento el enfoque de la enseñanza es cómo llevar a cabo la voluntad de Dios.

Las personas que tienen este don se sienten motivadas por el deseo de clarificar y exponer la verdad. Disfrutan de los retos de la mente y del aprendizaje. Por lo general, son capaces de transmitir bien, y siempre sentirán la necesidad de que la verdad bíblica sea expuesta con precisión, con pruebas bien documentadas de las conclusiones a que lleguen. Por otra parte, estos maestros pueden o no enseñar de manera formal en la iglesia, no obstante, nos impulsan por todos lados a comprender la sana doctrina y a que nos enseñen adecuadamente en la Palabra.

El don de maestro se puede desarrollar tanto dentro de la iglesia en lo que atañe a enseñanza de la palabra de Dios como fuera de la iglesia aportando a la educación y formación de las personas ya sea en el ámbito del conocimiento, de las emociones, o de la práctica. Hay muchas maneras de enseñar, y hay muchas cosas para enseñar. Algunas requieren de libros y otras no; algunas de palabras y otras de silencio; algunas se pueden brindar a grupos y otras enseñanzas deben ser particulares. La ignorancia es el enemigo del conocimiento, y quienes tienen el don de enseñar pueden hacer un gran aporte para quienes los rodean.

Las políticas de Estado han institucionalizado la mayor parte de la educación lo que ha permitido la creación de escuelas y la existencia de muchos formadores para todas las edades y casi todas las especialidades. Esto ha mejorado los métodos de aprendizaje y las posibilidades de acceso a la educación para muchísimas personas a la vez que ha generado nuevos desafíos. Sin embargo, ser maestro o dedicarse a la educación sin tener el don de la enseñanza suele generar más perjuicio que bendiciones. Educar no significa solamente compartir conocimientos, sino velar para que éstos sean aprendidos o asimilados. El objetivo al enseñar no está puesto en brindar información sino en que ésta sea procesada y sirva para la vida. Se habla entonces de formar y no simplemente informar.

Dios ha concedido a muchos creyentes, tanto varones como mujeres, este don tan importante para elevar la vida de nuestro prójimo. Al ejercitarlo con entusiasmo en el ámbito donde Dios nos convoque de acuerdo a nuestras habilidades y formación, disfrutaremos de ese momento tan especial en que comprobamos que aquello que enseñamos fue aprendido y sirvió. ¡Qué alegría para un maestro ver que sus alumnos aprovecharon sus enseñanzas para formar su carácter! ¡Qué alegría para un maestro de escuela bíblica ver que los creyentes siguen en su fe y recuerdan las primeras historias bíblicas que le transmitieron!

A veces la tarea permanente y sistemática suele cansar, como todas aquellas tareas que implican la formación de hábitos y disciplinas. Esta constancia es necesaria, es parte de la formación y todo maestro sabe que en la era de lo rápido, lo fácil, y lo descartable los desafíos son cada vez mayores y la ignorancia se vuelve un enemigo cada vez más amenazante. Son los maestros, los que tienen el don de la enseñanza, los que pueden hacer que las vidas de muchas personas se formen a la imagen del gran maestro, nuestro Señor Jesús.

El don de palabra de sabiduría

> "A unos Dios les da por el Espíritu palabra de sabiduría" (1 Corintios 12:8)

Es un poco difícil saber con exactitud cómo agrupar las nueve manifestaciones que aparecen en 1 Corintios 12:8-10. El don de palabra de sabiduría, junto con el don de palabra de ciencia, suelen clasificarse como dones que ayudan a dar instrucción. Estos dones se valen de la actividad mental y el conocimiento para brindar a los demás entendimiento, dirección, claridad, y seguridad espiritual.

El don de palabra de sabiduría consiste en la orientación que el Espíritu Santo concede a un creyente para que pueda tomar decisiones sabias ante situaciones difíciles. El resultado de estas decisiones no las conocería si no fuera por esta iluminación especial que el Espíritu le ha concedido. El don de la sabiduría requiere de un elemento sobre el cual se construye y que es el conocimiento bíblico y el reconocimiento del mismo como la sabiduría revelada de Dios. Sabio es el que logra equiparar la teoría con la práctica, quien no sólo conoce sino también aplica su conocimiento de modo apropiado para cada situación. Para ello es necesario que haya edificado su vida sobre la roca que es la palabra de Dios que permanece para siempre y no sobre la arena inestable y fluctuante de la sabiduría humana.

La palabra de sabiduría consiste en una expresión espiritual que brota en un momento determinado por el Espíritu, revelando a la mente, el propósito y las vías de Dios aplicadas a una situación específica. Es una perspectiva especial para determinar la mejor forma para cumplir con la voluntad de Dios en situaciones confusas u oscuras. A veces, este don es definido como un poder recibido de lo alto para resolver un problema valiéndose de la intuición espiritual. Es descubrir el sentido de dirección divina para cada ocasión y permitir que el Espíritu Santo nos guíe a fin de actuar apropiadamente en cada circunstancia.

La sabiduría evalúa la verdadera naturaleza y valor de las cosas, y su relación unas con otras, y así logra una comprensión más profunda de las mismas. El elemento que en el Nuevo Testamento distingue a la sabiduría es la identificación de Cristo como sabiduría de Dios. Cristo es la fuente de la sabiduría del creyente. Comunicar sabiduría es comunicar lo profundo de Dios, lo cual es Cristo y su obra redentora.

El don de palabra de sabiduría se observa en los conocimientos correctamente aplicados. Como la sabiduría interactúa con el conocimiento y el discernimiento, quien posee este don, generalmente es un creyente habituado al estudio constante de las Sagradas Escrituras, su investigación, como también conocedor del trasfondo de los problemas de las personas y habituado a la oración para disponer su espíritu a aplicar la voluntad de Dios a cada situación. La claridad mental que Dios concede a este creyente permite reconocer no sin cierto asombro, que ha sido dotado de un don especial para aconsejar con sabiduría nacida de la palabra del Señor, sabiduría que orienta, exhorta, corrige, alienta, y aclara.

A veces la sabiduría y la reflexión se vuelven locura, y los que poseen estas habilidades naturales se extravían en los pensamientos de sus corazones. Es que cuando la sabiduría se aparta de la voluntad de Dios, se olvida de Cristo, la sabiduría de Dios, y no busca el bienestar del prójimo sino que se divaga sobre temas con razonamientos e ideas meramente humanas, y se termina confundiendo. Esa sabiduría fenece con el tiempo, porque es sólo pasajera.

Qué necesarios son los creyentes que tienen el don de palabra de sabiduría. Éstos pueden aplicar la palabra de Dios con sabiduría a los problemas que a diario nos tocan vivir, para que sepamos cuál es la voluntad de Dios para cada situación que es agradable y perfecta. Muchos creyentes con estos dones edifican a los demás con predicaciones, publicaciones, y muchos otros medios en los que aportan más que palabras, aportan sabiduría para cada situación de la vida. Gracias, Señor, por este don de tu gracia.

El don de palabra de ciencia

"...a otros, por el mismo Espíritu, palabra de conocimiento" (1 Corintios 12:8)

Si el don de sabiduría tiene que ver con el correcto uso o aplicación del conocimiento de Dios a circunstancias determinadas, el don de palabra de ciencia tiene que ver con el conocimiento en sí mismo, con la investigación de determinadas verdades espirituales. Es un don que suele relacionarse con los dones de enseñanza o de la predicación, con un entendimiento más profundo de las Escrituras que trae una claridad especial acerca del evangelio.

La palabra de ciencia es un don del Espíritu que otorga una información especial que uno no podría obtener si el Espíritu no la revelara. Esta revelación requiere del conocimiento bíblico y de la experiencia en el estudio de la Palabra.

Revelación aquí significa la manifestación de misterios divinos. Un misterio es un hecho o una verdad que no puede conocerse si Dios no lo revelara al ser humano. Los misterios no pueden ser descubiertos por el intelecto sin ningún tipo de ayuda.

El don de palabra de ciencia permite conocer mejor el plan y la voluntad de Dios, ya que el creyente, guiado por el Espíritu Santo recibe, como en visión sobrenatural, una mejor comprensión. Esta comprensión más profunda y amplia de la revelación de Dios, permite que el creyente dotado de este don comparta con otros mucha de la verdad que es necesaria conocer para poder vivir en la libertad del evangelio.

> "Si permanecen en mi palabra, serán verdaderamente mis discípulos, conocerán la verdad, y la verdad los hará libres" (Juan 8:31-32)

El don de palabra de ciencia también puede aplicarse en el mundo, en la investigación científica. Algunas personas que han recibido las habilidades naturales para la ciencia lamentablemente no buscan la gloria de Dios y el bienestar del prójimo. Se pierden en sus razonamientos y hasta se oponen a la verdad del evangelio. El mundo necesita de la ciencia ¡y cuántos hallazgos científicos han mejorado a la humanidad!; pero cuando la ciencia se convierte en un fin en sí mismo, termina por esclavizar a quienes la promueven y a quienes la comparten. Un científico que ha conocido la verdad revelada en Cristo brindará a la humanidad conocimientos que estarán permeados por la realidad de Dios.

El don de palabra de ciencia suele observarse en muchos teólogos llenos del Espíritu que ahondan día a día en el conocimiento de la palabra de Dios para traer nueva luz y edificación a los pastores y creyentes de todas las iglesias. Se valen de muchas herramientas como diccionarios, idiomas, descubrimientos arqueológicos, y otras ciencias bíblicas que les permiten ahondar en el estudio de la lengua original, el contexto, y la historia. Sin embargo, si el Espíritu Santo no acompaña con sus dones estos talentos naturales, todo lo descubierto no pasa de ser un poco más de letras muertas. ¡Cuánto conocimiento debemos a los teólogos que inspirados en las Escrituras y guiados por la ciencia del Espíritu han aportado mayor profundidad a la verdad del evangelio, y mayor libertad a la vida de muchos creyentes! Gracias al Señor por los creyentes que desarrollan este don con entusiasmo y responsabilidad cristianos tanto dentro como fuera de la iglesia.

El don de fe

> "... a otros, fe por medio del mismo Espíritu" (1 Corintios 12:9)

El don de fe es una confianza especial que el Espíritu Santo concede a un creyente. Esta confianza se puede referir a una visión de lo que puede ser en el futuro, una tarea difícil que debe llevarse a cabo, a la provisión de Dios para una necesidad excepcional, o confiar en que Dios hará una demostración especial de su poder en una situación concreta que necesita de una resolución. Es confiar en Dios hasta que todo se haga realidad.

La fe es eso: la certeza de lo que se espera, la convicción de lo que no se ve (Hebreos 11:1). Por tanto exige certeza, seguridad, convicción, y atrevimiento. Con frecuencia poseen este don los creyentes que están en el liderazgo, lo que les permite planear y programar actividades futuras. El don de fe es la responsabilidad especial que el Espíritu Santo concede a ciertos creyentes para mantener una confianza extraordinaria en Dios y en su intervención para responder a una necesidad u oportunidad determinada.

El don de fe se debe diferenciar de la fe que lleva a la salvación, o de la fe cristiana en sentido general desarrollada mediante un diario andar con el Espíritu. Es una capacidad sobrenatural para creer en Dios sin reserva alguna en medio de la incredulidad que nos rodea, y las circunstancias adversas. Este don se manifiesta como una convicción interna que obedece a un llamado muy fuerte de lo alto.

Los visionarios, gente de mucho convencimiento, son personas que encaran grandes emprendimientos con el único móvil de la fe. ¿De dónde tienen esa certeza y esa convicción de que será posible o de que lo lograrán? ¿Es un simple empecinamiento? Dios les ha concedido esa seguridad. Cuando la vida de esta persona no ha sido redimida aún por Cristo, y el Espíritu no habita en el corazón, esta seguridad se basa en un pálpito, en una corazonada. Pero cuando un creyente tiene el don de fe, ésta se basa en la seguridad que proviene del cielo, que es eterna, trascendente y perfecta. Nada más seguro que Dios y sus promesas, aún frente a lo vulnerable e inestable de la vida humana.

Este don, que suele observarse tanto en líderes como en creyentes comunes, ha permitido superar circunstancias muy difíciles a nivel familiar, congregacional, y social. Una visión acompañada de una convicción muy firme en que Dios ayudaría en el momento oportuno, permitió continuar caminos, vencer batallas, soportar tentaciones, resistir persecuciones. En el capítulo 11 de Hebreos hay hermosos ejemplos del don de fe que mueve montañas. Gracias, Señor, por los creyentes que tienen este don tan especial que no nos permite bajar los brazos. Esto no es tozudez, sino convicción, que nos alienta y contagia a continuar en la obra del Señor.

Los dones más discutidos

Los dones de sanidades y milagros

Estos dones son los que más desafíos nos presentan a la hora de aceptarlos y explicarlos por su carácter excepcional. Pero como vemos que en algunas iglesias incluso se los promueve, esto nos trae un desafío mayor al escepticismo, lo cual no implica que nadie posea estos dones.

Al inicio y al final de su discurso sobre las manifestaciones del Espíritu en 1 Corintios 12, Pablo menciona los dones de sanidades. Allí ambos términos aparecen en plural. Esta frase, juntamente con la expresión "milagros" se dan en plural para dar a entender un sentido de abundancia y variedad en los dones que se desprenden de la fe. Los dones de milagros y sanidades se destacan por su poder simbólico que evidencia la acción de Dios para liberar de la esclavitud del mal y de los resultados del pecado en todos los niveles de la vida.

En todo este asunto de las manifestaciones espirituales, necesitamos tener presente que vivimos en una constante tensión entre lo que "ya tenemos" por ser hijos de Dios y lo que "todavía no tenemos" porque no se ha completado nuestra redención. Estamos entre las bendiciones presentes y parciales del reino de Dios, y las bendiciones futuras aun no consumadas.

El Espíritu con sus dones y manifestaciones está tan disponible hoy como en el primer siglo, pero eso no significa que podamos experimentar la perfección consumada con sólo hacer o creer lo que corresponde. Ni siquiera fue así en la iglesia primitiva. El mismo Pablo, que se echó sobre el cuerpo muerto de Eutico y presenció su milagrosa resurrección (Hechos 20:9-10), le dijo a Timoteo: "A Trófimo dejé en Mileto enfermo" (2 Timoteo 4:20), sin la menor insinuación de que se debiera a la falta de fe o a algo semejante. Quizás se debía al hecho de que la consumación plena del Reino todavía no se había dado y, por razones que no entendemos, Dios en su soberanía decidió no tocar a Trófimo.

Mientras discutimos a favor o en contra de estos dones, no debemos olvidar la soberanía de Dios, ya que Pablo afirma claramente que "todas estas cosas las hace uno y el mismo Espíritu, repartiendo a cada uno en particular como él quiere" (1 Corintios 12:11). ¿Por qué dar sanidad, o cualquier otra manifestación, a una persona y no a otra? Sólo Dios lo sabe.

El ejercicio efectivo de estos dones no se debe exclusivamente a la oración y a la fe del involucrado. Existe un delicado hilo entre la oración, su poder, y sus límites. Que se haya orado y se tenga fe no implica que ocurra la sanidad o el milagro, depende de que Dios quiera. Ello no implica que dejemos de orar por ello, que no tengamos fe en el poder de Dios. Muy por el contrario, nuestra dependencia de su voluntad no debe guardar intereses, sino implorar su misericordia, y confiar en su sabiduría.

Los dones de sanidades

"...y por ese mismo Espíritu, dones para sanar enfermos"
(1 Corintios 12:9)

El cuerpo es importante para Dios (1 Tesalonicenses 5:23), y en ocasiones necesita que Dios lo sane. La iglesia primitiva creía en la sanidad física porque la había visto en el ministerio de Jesús mismo. Con la palabra Jesús echó fuera a los demonios, y sanó a todos los enfermos (Mateo 8:16-17). Sin embargo, en la actualidad hay muchas personas que piensan que es difícil que Dios sane a los enfermos, incluso entre los cristianos que han hecho una tajante distinción entre el "entonces" y el "ahora" de la acción de Dios. Pero el reino de Dios fue inaugurado por Cristo en el poder del Espíritu, y es ese mismo Espíritu el que continúa la obra del Reino hasta la consumación.

Dios quiere la sanidad de los enfermos, y ha puesto en el ser humano un impulso que lo lleva a luchar contra la enfermedad y las dolencias. Hay una serie de razones en la Biblia que indican el porqué no siempre son sanadas las personas, incluidas la falta de fe y la posibilidad del pecado en sus vidas; sin embargo, la principal razón por la que la gente no se sana es que el Reino no ha llegado todavía a su consumación, a pesar de que Jesús lo instauró con su obra en la cruz.

No hay nada que podamos hacer para disfrutar la plenitud del Reino antes de que Jesús venga otra vez, excepto alabar a Dios por el día en que experimentaremos el sometimiento de toda enfermedad bajo sus pies.

Cuando la gente no se sana es porque todavía no se ha completado lo que Jesús obtuvo. Destellos de la plenitud del Reino aparecen de vez en cuando, aunque nunca podemos saber el momento en que se van a manifestar los dones de sanidades. Por ese motivo debemos orar siempre y estar a la expectativa de una manifestación de los dones de sanidades, sabiendo que Dios quiere sanar.

Las enseñanzas que hay en la Biblia acerca de la sanidad indican que la predicación del evangelio es suficiente en sí para efectuar sanidad; aunque a veces, los que son enviados a proclamar el evangelio son dotados de poder sanador con el objetivo de llevar las personas a la salvación. Sin embargo, es Dios quien obra sanidades a través del ministerio de la iglesia y de la oración de fe. El don de la sanidad hace posible la sanidad como testimonio al poder de la resurrección, para mostrar el poder de Dios sobre las consecuencias morales y físicas del pecado.

A pesar de ello, el don de la sanidad puede incluir la aplicación de terapias y medios de cura humanos bajo la dirección divina, esto es, no excluye el uso de los dones innatos que recibimos de Dios. El plural de este don hace pensar que su ejercicio puede manifestarse de distintas formas, ya sea en los medios que utilice para lograr ese fin como también en cuanto al tipo de enfermedades.

Jesús relaciona la curación con la fe; a veces con la fe del paciente y otras veces con la fe del que ora por él. Hay un misterio que está más allá de nuestro alcance por el cual a veces se recibe la sanidad y otras no a pesar de la fe de los involucrados. Esto nos dice que no podemos controlar al Espíritu de Dios, por lo cual la oración de fe debe ser serena y confiada, y no aquella oración angustiada que quiere arrancar un favor a un Dios que no está dispuesto a ayudar. La oración por los enfermos no va en detrimento de la atención médica. No es debilidad de fe confiar en ella ya que Dios puede usar distintos medios para brindar salud.

Muchos de los dones que el Espíritu Santo ha derramado sobre los hijos de Dios son para confirmar la predicación del evangelio, y en el caso de las sanidades, no tanto para aliviar los dolores físicos. Es por ello que se debe tener cuidado de no ejercerlos con una mala motivación. Existen quienes enfatizan la sanidad de tal modo que desacreditan el evangelio, centrándose en la necesidad física de las personas y no en su estado espiritual que trasciende cualquier otra necesidad.

Cabe aclarar que no toda curación proviene de Dios. Satanás también puede sanar, como se expresa en Mateo 7:22-23; 24:24; 2 Tesalonicenses 2:9 y Apocalipsis 13:11-14. Hay quienes tienen poder para sanar, pero su poder no viene de Dios, así como otros usan medicinas o manipulan las emociones cuando la enfermedad es de origen psicosomático. El propósito de estas sanidades es engañar a las personas y no dar un mayor crédito a la predicación del evangelio.

El don de la sanidad no es exclusivo de las enfermedades de orden físico. A veces se necesita sanidad del cuerpo, otras veces de las emociones, y otras veces también del alma. Hay médicos que curan el cuerpo, otros las emociones, y otros el alma. Cada uno suele atender un área de la salud, aunque nuestro ser se vea afectado en todos los órdenes. La enfermedad que se manifiesta en el orden físico guarda íntima relación con las emociones y con el espíritu. Cuando se cura el alma, muchas veces, también se curan las emociones y el cuerpo.

Dios puede sanar, es cierto, pero no siempre lo hace. Él ha concedido este don por pura compasión y gracia hacia la humanidad; porque se compadece de las dolencias y sufrimientos que el pecado produce en nuestra vida. A menudo el don de sanidad se vale de los dones naturales que Dios mismo nos ha concedido, más los conocimientos médicos aportados por las facultades de ciencias. Muchos enfermeros, médicos, y otros profesionales de la salud ejercen este don, a menudo con mucho profesionalismo, lo que impide que tanto ellos como los que reciben su atención reconozcan el don como una manifestación del Espíritu Santo.

En ocasiones, estos dones se profesionalizaron demasiado generando una marcada distancia entre la salud y la persona. El reconocimiento de los dones como venidos de Dios y la consagración del Espíritu Santo pueden generar una verdadera vocación de servicio que manifieste más allá de la sanidad, el amor de Dios por nuestra vida. Gracias, Señor, por este don que has concedido a tu iglesia para mitigar el dolor que el pecado causa en nuestras vidas. Gracias, Señor, por el amor y la compasión de quienes dedican su vida a sanar y curar las heridas de sus semejantes.

Los dones de hacer milagros

"... a otros, poderes milagrosos" (1 Corintios 12:10)

Suele definirse un milagro como un hecho racionalmente inexplicable; aunque lo que era inexplicable ayer puede tornarse explicable mañana. Otros definen el milagro como un suceso contrario a las leyes naturales. Pero las leyes naturales no son sino modos habituales de obrar de Dios. Dios no es prisionero en su modo de actuar. Un avión es una aparente violación de la ley de gravedad. El milagro tampoco es un hecho extraordinario, sin precedentes, pues ello es limitar la acción poderosa de Dios a ese terreno y negar su existencia en el campo de lo común y corriente.

Un milagro es un hecho explicable o no, que obedece a leyes conocidas o no, inusitado o corriente, que está lleno del sentido de la presencia y poder de Dios. La fe, y únicamente la fe, puede percibir la manifestación de Dios. La incredulidad siempre puede encontrar alguna otra explicación. Por eso, una acción de Dios que es aparentemente ordinaria, puede constituir para el creyente un milagro. Por el otro lado, un fenómeno extraordinario y sorprendente, que resulta inexplicable pero que no guarda relación con la fe, no es un milagro. No se debe preguntar solamente si el milagro sucedió sino qué es lo que significa. El milagro pretende llamarnos la atención sobre Jesús para que se conozca que Dios está obrando en él y a través de él.

Jesús hizo milagros que en algunas ocasiones fueron llamados señales. El propósito de estos milagros era mostrar a Cristo como el Hijo de Dios. La mayoría de las veces estos milagros le trajeron más complicaciones que beneficios ya que gran parte de la multitud lo seguía para ver qué nueva obra haría. A pesar de todos estos milagros, la gente no creía en él, y los más escépticos, ni siquiera en sus obras.

Muchos consideran que el don de hacer milagros como el de sanidades fue otorgado para confirmar el mensaje del evangelio, a fin de que creyeran en el poder de Dios. En ese caso, estarían especialmente destinados a quienes dudan o no creen en el evangelio de Cristo. Si bien Dios acompaña con señales la predicación del evangelio, los dones fueron concedidos más para beneficio y edificación de los demás que para una ratificación o aval de la predicación de la persona que lo posee. Los milagros ocurren para expresar amor y compasión ante el dolor, para dar libertad a quien vive esclavizado, para iluminar al que vive en la oscuridad, para rescatar del pecado y llevar hacia Dios.

El poder de Dios no ha cambiado, pero sí nuestra capacidad para percibir su accionar en el mundo. En la actualidad, se cree más en la casualidad y lo fortuito que en los sucesos acaecidos por la voluntad de Dios. La práctica de la oración guarda una íntima relación con el ejercicio de este don. Aunque cuando ocurre la respuesta, muchas veces de un modo milagroso, se suele atribuir la misma a la casualidad.

Gracias a Dios existen creyentes en las iglesias cristianas que ven más allá de lo que los ojos ven, que observan con el corazón, y ven el poder de Dios detrás de un portento. Muchas veces, avergonzados por nuestra incredulidad, debemos reconocer que fue Dios quien obró el milagro, y en el asombro por lo ocurrido, darnos cuenta una vez más de que Dios no ha cambiado, y sigue preocupado y ocupado por nuestra salvación. Gracias al Señor hay creyentes a quienes Dios les ha concedido un don especial para buscar portentos más allá del entendimiento que confirmen la obra de Dios. Es raro que un creyente no crea en los milagros, cuando su propia salvación ha sido un verdadero milagro.

El don de discernimiento de espíritus

"... a otros, el discernir espíritus" (1 Corintios 12:10)

El don de discernimiento de espíritus fue dado a la iglesia para distinguir lo falso de lo verdadero. Muchas de las manifestaciones antes mencionadas pueden no ser auténticas o responder a motivaciones contrarias a la voluntad de Dios. Es por esta razón que Dios concedió a algunos creyentes el don de discernir o reconocer el espíritu donde ser origina la manifestación. El plural indica una variedad de modos en los cuales puede manifestarse este don.

Este don implica la formación de un juicio, una percepción concedida para distinguir entre bueno y malo, verdadero y falso. La Biblia habla de tres espíritus: el espíritu de Dios, el espíritu del hombre y los espíritus angelicales, entre ellos el espíritu maligno (el diablo y sus demonios). Aun con la mejor de las intenciones, algunos pueden confundir sus propios profundos sentimientos con la voz del Espíritu Santo, o ser engañados por un espíritu demoníaco.

El término griego traducido como discernimiento equivale a emitir un juicio, y se relaciona con el acto de diferenciar o juzgar acertadamente los espíritus. Por lo tanto, el discernimiento de espíritus tiene que ver con juzgar correctamente lo que es del Espíritu de Dios y lo que no proviene de él. Es un recurso divino para ayudarnos a cumplir el mandato de 1 Juan 4:1: "Queridos hermanos, no crean a cualquiera que pretenda estar inspirado por el Espíritu Santo, sino sométanlo a prueba para ver si es de Dios."

Obviamente, hay una diferencia entre Dios y Satanás, los ángeles buenos y los demonios; pero sabiendo que este último es un especialista en el arte del engaño, capaz de disfrazar lo malo de bueno, es preciso ser cauteloso, sabio, y prudente en nuestra vida espiritual. No vivimos en un vacío espiritual, por lo tanto, necesitamos discernimiento para conocer el origen de determinadas manifestaciones. Los seres humanos pueden ser llenos del Espíritu de Dios, o pueden estar endemoniados. Más aún, los síntomas o manifestaciones a veces pueden confundir. La cuestión del mal no es sencilla. Para dar mayor seguridad a los creyentes, y para que seamos capaces de reconocer el origen y el valor de lo que ocurre en el ámbito espiritual, el Espíritu Santo nos da esta manifestación.

El discernimiento de espíritus es la habilidad para identificar el espíritu del mundo, y especialmente para descubrir el verdadero motivo o razones que animan a la gente. En el ejercicio del don de discernimiento se pretende percibir lo invisible, o sea, diferenciar entre lo humano y lo infernal y, a menudo, determinar la fuente o la raíz de un problema que tiene su origen en el reino espiritual.

El don de discernimiento de espíritus permite distinguir entre verdaderos y falsos profetas, como también detectar falsas enseñanzas en un libro "cristiano", al escuchar una predicación, o participar de una conferencia. Puede discernir si el ambiente de una iglesia es una mera emoción o si esta emoción se basa en la verdad. Suele estar en relación con otros dones como el don de ciencia para discernir el origen de manifestaciones que aparentan ser del Espíritu pero cuyo origen es simplemente humano o peligrosamente demoníaco.

Quien ejerce este don es un creyente familiarizado con la verdad revelada en las Sagradas Escrituras. Así como un empleado bancario puede detectar fácilmente al tacto un billete falso por estar familiarizado con el uso del verdadero; así también el creyente que conoce lo verdadero puede discernir lo falso. Este don fue dado a la iglesia para su protección de los ataques del diablo, y es especialmente dentro del ámbito de la iglesia donde se utiliza. Allí es donde el diablo pretende generar engaño y confusión.

En todos los tiempos hubo y habrá falsos profetas, demonios disfrazados de ángel de luz que buscarán engañar a los hijos de Dios y a su iglesia. Los creyentes con estos dones obran como los glóbulos blancos de la sangre que habiendo identificado un agente extraño y peligroso en el organismo, acuden para desenmascararlo y controlarlo. El don del discernimiento de espíritus cumple con esa loable misión de proteger a los creyentes del engaño. A veces suele ser incomprendido por los demás, como si sólo estuviera buscando lo malo detrás de todas las cosas que ocurren, mientras el resto de los creyentes no observa nada de peligroso en aquello que está sucediendo. Por ello es preciso que siempre se valga de la palabra de Dios, la luz que revela toda oscuridad, para hacer frente a los engaños. Gracias a Dios la iglesia tiene estos dones para resguardar la salud de nuestra fe, la permanencia en la verdad del evangelio.

El don de lenguas y el don de interpretación de lenguas

> "...a otros, el hablar en diversas lenguas; y a otros, el interpretar lenguas" (1 Corintios 12:10)

Aunque el don de lenguas tiene valor en sí mismo, esté o no acompañado del don de interpretación, estos dos dones necesitan presentarse juntos para resultar de verdadera utilidad a quienes los escuchan. Por lo tanto, corresponde explicarlos en forma conjunta para una mejor comprensión.

Es difícil saber si el apóstol Pablo cuando hace mención de estos dones consideraba la manifestación de "diversos géneros de lenguas" como lenguas humanas reales, lo que conocemos comúnmente como idioma, o si se refería a "lenguas angélicas", a las que hace referencia en 1 Corintios 13:1 y que se refieren más bien a expresiones desconocidas en el ámbito de los idiomas. El uso de lenguas conocidas o dialectos, habladas en forma sobrenatural, es lo que sin lugar a dudas ocurrió en Pentecostés (Hechos 2:4-13).

El plural alude, en este don, a diferentes formas que posiblemente armonizan las lenguas vivas que se conocen de Hechos 2:4-6, y los sonidos ininteligibles de 1 Corintios, especialmente dirigidos a orar y cantar en el Espíritu, fundamentalmente en la alabanza personal (14:14-19). Lo que Pablo quiere destacar es que lo que se dice es desconocido tanto para el que habla como para el que escucha y requiere el don paralelo de la interpretación de lenguas para beneficiar a la asamblea reunida.

Tanto el don de profecía como el de lenguas ocupan un importante espacio en la carta de San Pablo a los corintios en el capítulo 14. Parece que su intención es explicar y ordenar su uso ya que aparentemente estaban fuera de control en esta congregación. Allí concluye que la interpretación de lenguas debe ser dada por una persona distinta al que habla en lenguas (12:11), pero el que habla en lenguas debe sentirse responsable de que sea interpretado. Aunque la palabra griega para "interpretación" puede significar "traducción", también significa "expresar en palabras". Aquí, entonces, es probable que aluda a darle forma verbal al contenido de una lengua incomprensible, en palabras que la congregación pueda entender, a diferencia de ofrecer una traducción literal, que se aplicaría en el caso de los idiomas.

Por una parte, este don fue evidencia y señal de la plenitud de los primeros creyentes por la acción del Espíritu Santo, oportunidad en la cual los presentes entendían las lenguas expresadas sin necesidad de intérprete alguno. Esto demuestra que la finalidad de este don del Espíritu es compartir el mensaje de Dios con quienes se expresan en otro idioma o dialecto. Algunos opinan que los lenguajes incomprensibles pueden existir en la tierra, procedentes de antiguas culturas, o bien sean desconocidos en el sentido que son medios de comunicación inspirados por el Espíritu Santo, por lo cual no pueden ser captados por el entendimiento humano, con lo cual no cumplirían con su verdadero propósito.

Hay contrastes muy marcados entre el don de lenguas y el resto de las manifestaciones espirituales que se mencionan en 1 Corintios 12 y que resulta oportuno señalar:

a) En cuanto a la edificación, en 1 Corintios 14:4 dice que "el que habla en lengua extraña, a sí mismo se edifica" en tanto que en 1 Corintios 12:7 dice que "a cada uno le es dada la manifestación del Espíritu para provecho de todos". La edificación o provecho para todos sólo ocurre con el don de interpretación.

b) En cuanto al lugar y momento donde resulta de mayor provecho, dice San Pablo: "Quisiera que todos ustedes hablaran en lenguas" (1 Corintios 14:5), mientras que en 1 Corintios 12:11 expresa: "Pero todas estas cosas las hace uno y el mismo Espíritu, repartiendo a cada uno en particular como él quiere." Parece ser que el don de lenguas es un don para la oración y la adoración personal preferentemente en un ámbito privado, y que, cuando se lo utiliza en forma pública se debe someter a un orden que está establecido en 1 Corintios 12:11 y 14:1-33. Cuando se lo usa para la adoración privada puede ejercerse en cualquier momento, sin interpretación, siempre que el creyente hable "para sí mismo y para Dios" (14:28). Este último uso es sin duda el propósito principal de las lenguas (14:14-18), porque "en la iglesia prefiero hablar cinco palabras con mi entendimiento, para enseñar también a otros, que diez mil palabras en lengua desconocida" (14:19).

La Biblia menciona varias normas en cuanto al uso del don de lenguas:

1) Es evidente que este don no es para todo creyente (1 Corintios 12:10, 30). Como los demás dones, el Espíritu reparte a cada uno "como él quiere" (12:11). Es uno de los dones del cuerpo de Cristo que complementa a los demás y que debe usarse para los propósitos antes mencionados.

2) El que posee este don debe practicarlo públicamente en la iglesia solamente cuando esté presente un intérprete (14:27-28). Sin intérprete, debe practicarlo en privado.

3) Las lenguas siempre deben hablarse por turno para evitar confusión (14:27) ya que "Dios no es Dios de confusión sino de paz" (14:33). Todo debe hacerse "decentemente y con orden" (14:40).

4) Satanás es capaz de imitar los dones del Espíritu (Mateo 7:21-23; 24:24). Por eso, es necesario el don de discernimiento de espíritus (1 Corintios 12:10), para discernir si una manifestación de lenguas procede verdaderamente de Dios.

5) El creyente puede controlar el don de lenguas porque "los espíritus

de los profetas están sujetos a los profetas" (1 Corintios 14:32). Por eso, si las lenguas no se practican de acuerdo con las normas bíblicas, es dudoso que sean de Dios.

6) Finalmente, no hay ningún mandamiento en el Nuevo Testamento de buscar activamente este don. Por otro lado, sí hay mandamiento de no impedir el hablar en lenguas (14:39). Así, se puede decir en resumen que el Nuevo Testamento enseña que "no busquen pero tampoco impidan el hablar en lenguas".

Pablo habló también de este don como una expresión extática e ininteligible (1 Corintios 14:2, 14-17). Evidentemente no es una lengua humana (quizás "las lenguas angélicas" de 1 Corintios 13:1), y requiere un intérprete en caso de su uso en público. En ese caso, el don de lenguas puede tener varios propósitos: sirve para adorar a Dios (1 Corintios 14:2), para edificar al individuo que habla (14:4), y para edificar a la iglesia cuando se interpretan las lenguas (14:27-28).

El don de interpretación de lenguas permite revelar el significado de lo que se expresa en lenguas desconocidas. Funciona por medio del entendimiento de la mente humana, como también como un entendimiento producido por el Espíritu. En el primer caso, es similar a una traducción, pero cuando se trata de lenguas angélicas o ininteligibles, en las cuales el intérprete no comprende la lengua que interpreta, es más bien una declaración del significado que tiene lo que está expresando la persona.

Quienes no han recibido este don suelen reaccionar contra su existencia, y quienes sostienen tenerlo quieren imponerlo a otros. Suelen sostener que este don es señal inequívoca de haber recibido el Espíritu Santo, y su ausencia es la demostración de no haberlo recibido. Pero ningún manipuleo para lograrlo tiene fundamento bíblico.

El don de lenguas es un don del Espíritu y no debe ser tenido en menos ni tampoco prohibido porque tiene su lugar dentro de lo que Dios ha dispuesto. Quien habla en lenguas habla a Dios y le agradece, puede hablar misterios y se edifica, es una señal pero es un asunto privado. Sin embargo, es inferior a la profecía en su uso público y sin el amor no tiene sentido. Por ello quien lo tiene no puede sentirse superior a los demás. Es un don que necesita del don de interpretación, y de no existir éste, es preferible que esté callado. También es importante recordar que articular frases y palabras puede obedecer también a otros orígenes distintos del Espíritu Santo como a los demonios, ciertas enfermedades mentales, éxtasis místicos, trances de médiums, y ciertos tipos de drogas.

El don de lenguas es la facultad que concede el Espíritu Santo a un creyente de hablar en idioma desconocido. Cristo prometió este don como una de las señales que seguirían a la predicación del evangelio (Marcos 16:17). Si consideramos la misión de la iglesia de proclamar el evangelio a toda criatura, en todas las naciones, es más que evidente la necesidad de un don de esta índole para que los creyentes puedan cumplir con esta tarea. Es muy probable que el Espíritu genere este don en los creyentes a quienes el Padre ha dotado de la capacidad de aprender idiomas con facilidad, o transmitir mensajes en otros lenguajes. Gracias al ejercicio de este don, quizás para algunos muy institucionalizado en traductores, lingüistas, hermeneutas, maestros de idiomas y muchos otros, ha sido posible a través de los siglos que la iglesia llegue a las zonas más remotas del planeta. Loable y destacable es el esfuerzo que realizan quienes trabajan en las Sociedades Bíblicas estudiando, ordenando, aprendiendo y generando los idiomas de distintas culturas para llevarles luego las Sagradas Escrituras.

Lamentablemente a veces estamos más preocupados por mostrar este don como una posesión especial que por ponerlo al servicio de Dios para la edificación y salvación de todo el género humano. El don de lenguas y el don de interpretación de lenguas es una señal para los incrédulos. ¡Qué mayor señal puede observar un incrédulo que aprendamos y expresemos su idioma para que pueda recibir la gracia de Dios! ¡Cómo no habrá de alabar y glorificar a Dios por el amor que ve manifestado en los creyentes que se preocupan por su salvación! Gracias a Dios siempre hubo creyentes que ejercieron este don con amor por sus semejantes, expresando en otras lenguas el mensaje de salvación, interpretando para quien no comprendía, traduciendo, y dando significado a la revelación de nuestro Dios.

El don de servir

"... si es el de prestar un servicio, que lo preste" (Romanos 12:7)

La palabra diaconía que se utiliza en los originales para hablar del servicio significa brindar ayuda, auxilio o asistencia personal a otros. En el griego secular se usaba para la actividad de servir las mesas, ocuparse de las necesidades de la familia o para servicios en general. De esta palabra proviene la palabra diácono que normalmente designa a quien cumple con tareas de servicio práctico en las iglesias cristianas.

Los que tienen el don del servicio son agraciados de una manera especial para demostrar el amor de Dios, al solucionar necesidades prácticas y brindar asistencia. Estas personas encuentran gran satisfacción en hacer cosas por otros. Son las manos y los pies del cuerpo de Cristo, y a menudo prefieren hacer algo con sus manos antes que hablar. Se ocupan de que las necesidades del cuerpo de Cristo sean cubiertas y que las tareas dentro de la iglesia se hagan de manera eficiente. Aunque este don no está vinculado a ningún cargo específico en la iglesia, la persona que lo posee puede ser un excelente diácono o diaconisa.

El don de servir implica la habilidad de quienes atienden las necesidades materiales de la iglesia. Se los cataloga como dones de orden práctico en comparación con los que tienen que ver con los dones de expresión o de la palabra. En Hechos 6, ante la queja de los judíos de habla griega de que sus viudas no recibían la adecuada atención y el planteo de los apóstoles de que ellos no podían desatender la predicación de la Palabra para atender las mesas, la iglesia elige siete diáconos o servidores que cumplen esta función porque el Espíritu Santo les concedió tanto este don como otros más.

El don de servir es la responsabilidad que el Espíritu Santo asigna a ciertos creyentes para cuidar de los aspectos físicos y prácticos de una actividad de la iglesia. Gracias al ejercicio de este don, los creyentes que administran la Palabra, lo pueden hacer con mayor libertad y profundidad ya que no deben ocuparse de estos detalles que no dejan de ser importantes. Este don incluye, además de la disposición para ayudar, la capacidad de prestar un servicio eficaz. No todos saben ayudar. Por lo general, este don está acompañado de otros dones, pero sus principales responsabilidades se demuestran en las labores prácticas.

Quienes disfrutan de las tareas rutinarias, trabajadores incansables que están atentos a lo que puede faltar, cuyas manos no permanecen inactivas conscientes de que sirven a Dios con su servicio a veces poco reconocido, son aquellos a quienes el Espíritu ha concedido este don. El gesto del Señor Jesús lavando los pies de sus discípulos (Juan 13), y recordando que el servir es más importante que el sentarse a la mesa (Lucas 22:27), inspira y afianza este don que tiene más importancia de la que a veces le solemos dar.

> "Los que ejercen bien el diaconado se ganan un lugar de honor y adquieren mayor confianza para hablar de su fe en Cristo Jesús" (1 Timoteo 3:13)

Algunos creen que estos dones responden más bien a habilidades o dones naturales concedidos por el Padre, motivaciones básicas que algunos creyentes tienen más que otros. El Espíritu Santo, en virtud de la redención que Cristo ha obrado en la vida del creyente, hace que estas habilidades se consagren al Señor y al prójimo, dedicando todo lo que se hace para la gloria de Dios y convirtiéndolo así en una responsabilidad cuyo ejercicio edifica a los demás y contribuye a la extensión del reino de Dios.

El don de servir, como los demás dones mencionados en Romanos 12, revisten la misma magnitud e importancia que los descritos en 1 Corintios, permitiendo que se desarrollen en el cuerpo de Cristo los frutos que testificarán de la gracia divina. Gracias a Dios que siempre ha provisto a las congregaciones de creyentes con el don de servir a los demás, más en estos tiempos, en que el servicio se descalifica cada vez más y se desestima como una tarea de poco valor. Deberíamos aprender del ejemplo de Cristo que realizó estas tareas para exaltar el servicio hacia el prójimo. Él vino para servir y no para ser servido.

La palabra ministerio proviene también del término diaconía y servicio. Los ministerios son servicios. ¡Pero cuántos ministerios han perdido su calidad de servicio! No sólo en el ámbito eclesiástico, sino en el ámbito político, social, y económico. Cuántos ostentan el título de ministros y titulares de ministerios y no tienen el don de servir, de suplir con tareas prácticas las necesidades del prójimo sin otra satisfacción que saber que es una tarea realizada para el Señor. Roguemos al Señor que despierte este don en nuestras iglesias, con la responsabilidad y disposición de quienes ponen sus manos y pies a trabajar para los demás.

Estos dones que Dios ha concedido a los creyentes para servir a sus semejantes, se observan en muchos diáconos que caminan incansablemente y llegan antes y se van después para que todo esté preparado y en orden para cuando el resto de los hermanos vengan. Este don también se da fuera del ámbito religioso y se observa en aquellos que brindan servicios prácticos en distintas instituciones y organismos. Muchas veces este trabajo se desestima, y quien lo realiza a veces lo hace hasta que consigue algo mejor. Sin embargo, cuando se realiza motivado por la convicción de que es un don de Dios para servir a Dios y a los semejantes, aunque se trate de limpiar los pisos, acomodar cajas, pasar plumeros, todo lo que se haga se puede hacer de buena gana, como para el Señor. Gracias a Dios por todas estas personas que realizan tareas prácticas para el bienestar de los demás y del reino de los cielos. Los que sirven, en el reino de Dios, siempre serán más grandes que los que se sientan a la mesa.

El don de animar

"...si es el de animar a otros, que los anime" (Romanos 12:8)

El don de animar es un llamado a acercarse y ayudar, a confortar, y a ofrecer consuelo o ánimo. El que anima ofrece un estímulo de apoyo, y sostiene a los que requieren asistencia a la vez que los alienta a seguir un determinado modo de conducta. El ánimo que necesitamos en los momentos de crisis puede llegarnos por el Espíritu Santo, por las Escrituras o por otras personas que poseen este don (2 Corintios 5:20).

Los que poseen este don particular de Romanos 12 están motivados a alentar a las personas a crecer en el Señor. Son creyentes equipados con la gracia especial de estimular o guiar a la gente (Hechos 8:31) a seguir una conducta digna y a progresar en lo personal; hacen de la doctrina algo práctico. Suelen ser personas muy positivas, con una visión de la vida básicamente optimista. Siempre demuestran interés en ver cómo convertir la tribulación o la adversidad en algo útil para la vida, y en madurar en el

Señor. Los exhortadores suelen ser muy buenos predicadores; pero, quienes poseen estos dones no necesariamente se dedican a la predicación, ya que generalmente ejercen este don desde el diálogo privado.

El don de animar es la habilidad de aquellas personas que pueden aplicar las verdades de Dios a situaciones particulares alentando a otros. Significa literalmente llamar a alguien para animarlo a algo; aunque también equivale a suplicar, consolar o instruir.

El don de animar surge motivado por la compasión hacia las personas decaídas, desalentadas o angustiadas, y se manifiesta en la capacidad de escuchar, aconsejar y acompañarlas en sus desazones. Su ejercicio es esencial para mantener la comunión en el cuerpo de Cristo, para expresar el estímulo que todo creyente necesita para sentirse parte de la comunión de los santos.

Generalmente, quienes han recibido de Dios el don de animar o de exhortar, lo hacen tanto dentro de la iglesia como fuera de ella, demostrando así el amor al prójimo tanto con palabras como con acciones prácticas. Practican la visitación a quienes se encuentran en dificultades y no temen escuchar lamentos y problemas para luego orientarlos por medio de las promesas de la palabra de Dios.

Gracias a Dios que ha concedido este don en las iglesias. Algunas personas se han especializado y han generado ámbitos específicos para consejería, orientación basada en la sicología, terapia emocional y espiritual, y otras áreas que ofrecen orientación y ánimo, acompañadas con otras ciencias y herramientas del conocimiento de la conducta humana. Sin embargo, a veces estos ámbitos, cuando son ejercidos sin el don de animar, no logran crear los vínculos necesarios para que la persona necesitada se sienta confortada con esa atención. Las inclinaciones naturales sin la fuerza del evangelio y del Espíritu Santo son esfuerzos humanos que resultan poco satisfactorios tanto para quienes los desempeñan como para quienes reciben ese ánimo.

El don de dar o repartir

"…si es el de socorrer a los necesitados, que dé con generosidad" (Romanos 12:8)

El don de dar o de repartir, según las distintas traducciones bíblicas, se refiere tanto a los creyentes que contribuyen al sostén emocional o material de otras personas, como a quienes Dios ha bendecido con abundantes riquezas para apoyar la obra del evangelio. Su significado esencial es dar con un espíritu de generosidad, por lo cual no importa tanto lo que se tiene, sino lo que se hace con lo que se tiene. Desde un punto de vista técnico se refiere a aquellos que proveen recursos a quienes no los tienen, especialmente en lo que atañe a las necesidades físicas. Este don debe ser ejercido con liberalidad, sin ostentación ni vanagloria (2 Corintios 1:12; 8:2; 9:11, 13).

Repartir significa dar, compartir, impartir, distribuir u otorgar; pero en el reino de Dios se requiere que este repartir sea hecho con liberalidad o generosidad. Se usa para exhortar a aquellos que tienen dos túnicas a dar una a quien no tiene ninguna (Lucas 3:11), para estimular a la gente a dar con alegría (2 Corintios 9:7), y para instar a los trabajadores a que laboren con diligencia para poder dar a quien padece necesidad (Efesios 4:28). También implica la idea de sostener a otros, o de sacrificarse por otros.

Los que tienen este don que se menciona en Romanos 12:8 no sólo suelen ser donantes financieros; sino también contribuyentes completos con el don especial de dar apoyo material, físico, emocional, y psicológico a otros. Son personas que dan de manera especial, brindándose a sí mismos para dar apoyo y aliento a la gente. Son los que se ponen a la par de las personas y sus proyectos, y los apoyan. Su principal deseo es asegurarse de que la gente se vea respaldada.

Los que reparten, entonces, se preocupan porque otras personas tengan acceso a bienes suficientes, que reciban aliento y apoyo para hacer cosas para Cristo. La liberalidad o generosidad se enfoca en la motivación para que se cuiden de la tentación de repartir con mezquindad, o de dar esperando recibir algo en recompensa, o esperando que otros hagan lo mismo.

El dar con sencillez o generosidad manifiesta de modo concreto la gracia que hemos recibido de Dios. Cuando estábamos en la miseria de nuestro pecado, él envió a Jesucristo y nos regaló la salvación. Hermosos ejemplos encontramos en las Escrituras y en la vida de los creyentes que motivados por esta gracia, dieron generosamente para que el reino de Dios sea predicado en todas partes, y otros reciban la misma gracia de un modo concreto y palpable. Zaqueo, la mujer que ungió el cuerpo de Jesús con un frasco de perfume carísimo, Lidia y muchos otros que rogaron se acepte su gesto de generosidad, son algunos de los ejemplos de quienes dieron de corazón de lo que recibieron del Señor.

El creyente que ha recibido este don sabe que el Señor lo bendice abundantemente para que pueda compartir con otros. La generosidad de Dios para con él, mueve su corazón para que también sea generoso y se mantenga en forma, para que las riquezas no sean un tropiezo para su vida de fe, como lo fueron para Ananías y Safira (Hechos 5:1-11).

A veces las iglesias cristianas no reconocen este don ni le dan la importancia debida estimulando la generosidad basada en la gracia de Dios. Entonces suelen acudir a sistemas legalistas y métodos de recaudación de fondos que causan más perjuicio que alegría entre los creyentes por participar de la obra del Señor. Es necesario que los creyentes aprendamos la sana mayordomía de los bienes, tiempo y dones que hemos recibido de Dios motivados en el ejemplo de Cristo quien siendo rico se hizo pobre, para que por su pobreza nosotros fuésemos enriquecidos (2 Corintios 8:9).

Quienes tienen este don suelen participar de obras de beneficencia, ayudas para catástrofes, colaboración con entidades de bien público que trabajan con carenciados, y en muchas oportunidades de forma totalmente anónima. ¿Cuál es su propósito? Simplemente dar, así como Dios les ha dado a ellos. En ello encuentran su satisfacción.

Jesús tenía quienes apoyaban su ministerio con generosas ofrendas, y la iglesia de todos los tiempos ha recibido generosas ofrendas para continuar la predicación del evangelio. Damos gracias a Dios por quienes han sido bendecidos con este don tan particular, por la disposición de su corazón, por su generosidad hacia Dios, quien no les hace faltar nada. Su felicidad no reside en sus riquezas sino en el poder repartirlas para la gloria de Dios. Gracias a las personas que han recibido este don, que han donado terrenos, casas, dinero y muchas otras bendiciones, la iglesia ha podido suplir grandes necesidades.

El don de presidir o liderar

"... si es el de dirigir, que dirija con esmero" (Romanos 12:8)

Quien ha recibido el don de presidir está dotado para orientar a otros en distintas esferas de la vida, teniendo a su cargo funciones administrativas (1 Corintios 12:28). Este don apunta a alguien que se pone al frente en alguna actividad, por lo cual algunas Biblias traducen: "el liderazgo debe ser ejercido con diligencia".

Liderar significa estar a la cabeza, gobernar, dirigir, administrar o brindar liderazgo. En Romanos 12:8 la palabra empleada se puede traducir como encabezar o presidir. En 1 Corintios 12:28, en cambio, se usa un término que significa timonel o propietario de un barco, que es traducido como administrador. Administrador no significa uno que está rodeado de papeles y que no puede tomar decisiones por cuenta propia, sino uno que lidera organizando.

Este don supone habilidades naturales que Dios el Padre concedió como el don de gente, la habilidad de organizar, un sano interés por planificar proyectos y la capacidad para prever los elementos que serán necesarios como también los problemas que se pueden suscitar. Se usaba a menudo para las personas en posiciones de superintendencia, líderes en algún ejército, estado, o en algún partido político. Otra palabra que podría traducir la idea del liderazgo es facilitador; en este caso su tarea sería más bien la de quien busca la manera de organizar la actividad para que se realice del modo más adecuado.

El don de liderar mencionado en Romanos 12:8 consiste entonces en coordinar a la gente para que lleve a cabo las actividades que sean necesarias para arribar a las metas que se plantearon. Quienes han recibido este don son personas que están particularmente dotadas para presentir problemas generales, estudiar necesidades, reclutar a otros para realizar trabajos, evaluar el tiempo que requiere completar una tarea, organizar recursos, proseguir a pesar de la oposición y las presiones, y delegar autoridad. Proporcionan el ingrediente necesario para que el pueblo de Dios se organice eficientemente y lleve a cabo sus metas. Hoy en día se los suele llamar personas con capacidad de gestión, ya que saben qué puertas hay que golpear para conseguir cada cosa.

Cuando el líder cuenta con habilidades naturales que no han sido redimidas por Cristo ni dotadas por la capacitación espiritual que concede el Espíritu Santo suele caer fácilmente en la crueldad, la tiranía y un deseo por dominar y controlar a los demás, aunque los cristianos también corren este riesgo cuando no consagran sus vidas al evangelio. El líder que Dios espera es según el modelo que Cristo enseñó, el líder que sirve a los demás y no el que se hace servir de los demás.

En algunas ocasiones en pro de estimular la participación de todos los creyentes algunos pensaron en prescindir de la figura del liderazgo. Sin embargo, el liderazgo no es malo; sólo que requiere ser bien ejercido. El liderazgo se puede ejercer en forma colegiada como en los consejos de ancianos y comisiones directivas lo cual resguarda a la institución del abuso de poder.

El don de presidir o administrar fue concedido por el Espíritu Santo a ciertos creyentes a fin de que guíen a los demás hacia las metas fijadas. Para ello el líder necesita conocer al grupo y permitir su participación; organizar y supervisar las actividades programadas. Su objetivo será siempre que el grupo acepte estas metas como propias y trabaje en ellas con sus dones cooperando los unos con los otros. Las personas deben desear su dirección o conducción y no ser obligadas a participar de un proyecto con el que no están de acuerdo. Debe comunicar con claridad las metas que se quieren alcanzar y encontrar las estrategias más adecuadas, de lo contrario se hará un derroche de esfuerzos.

El liderazgo suele convertirse en algunos momentos en una tarea solitaria, lo que a veces puede desanimar a quien lo ejerce. Esto ocurre generalmente cuando el líder debe guiar el grupo hacia la voluntad de Dios y ellos no lo logran comprender plenamente. En esos momentos el líder debe priorizar la voluntad de Dios por sobre la voluntad del grupo, pero no imponerla, sólo darla a conocer. Cada grupo es responsable por las decisiones que tome al respecto.

Dada la relación que existe entre el gobierno con la edad, la experiencia, y la sabiduría para aconsejar, muchos de los dirigentes y líderes recibieron el nombre de ancianos. Sin embargo, el liderazgo se da en todas las edades. Al respecto conviene, cuando se eligen líderes para los grupos o instituciones, tener en cuenta de que posean el don de liderar, ya que sin el mismo su autoridad sólo será posicional o por el título conferido, y se necesita un liderazgo de influencia que es el que genera el verdadero respeto por su tarea.

El líder siempre debe dar cuenta de cómo ejerció su responsabilidad, ya que toda posición de autoridad es establecida por Dios y ante él se debe responder.

Gracias a este don que Dios ha puesto en su iglesia tanto en pastores como en miembros de comisiones, consejos de ancianos, líderes grupales de jóvenes, damas o caballeros las personas se sienten parte de la obra de Dios. Los líderes se deben capacitar para realizar mejor su trabajo porque si bien Dios les concede habilidades naturales de comunicación y de gente, generalmente necesitan que el Espíritu Santo las oriente con las enseñanzas de Cristo acerca del verdadero liderazgo.

El don del liderazgo no se circunscribe solamente al ámbito de la iglesia. Reyes, presidentes, ministros, gobernadores hasta líderes en comisiones cooperadoras de escuelas, hospitales, y organismos de seguridad son llamados por Dios a mostrar a Cristo por medio del desempeño de un liderazgo que se basa en sus principios. Qué necesidad tenemos hoy en día de líderes sabios, sensatos, y con sólidos principios cristianos en todos los ámbitos, especialmente en lo civil, donde malos liderazgos han sumido a poblaciones enteras en desconfianza. El liderazgo se aprende en el hogar con buenos padres. Es allí donde comienza el verdadero aprendizaje de lo que es el servicio, el gobierno, y la autoridad.

La iglesia que tiene líderes que tienen el don de presidir debe agradecer a Dios por ellos, y dejarse guiar para que hagan su trabajo de buena gana, con alegría. La crisis de liderazgo que se vive en el mundo, también se vive en la iglesia y en el hogar. Aparentemente algunos quieren cuerpos sin cabezas, grupos sin líderes lo cual es una utopía. Dios ha concedido este don porque necesitamos que alguien haga punta. Necesitamos aprender a someternos a quien le conferimos esa autoridad para que todo se haga en orden. Gracias, Señor, por este don de tu gracia que nos permite organizarnos como iglesia.

El don de misericordia

"... si es el de mostrar compasión, que lo haga con alegría" (Romanos 12:8)

Este don define tanto a quienes poseen una fuerte sensibilidad hacia los problemas de los demás como a aquellos que desempeñan funciones especiales en organismos cristianos de asistencia y ayuda. Son personas de fuerte empatía capaz de identificarse con el sufrimiento de otros, y establecer profundas relaciones de comprensión, respeto, y sinceridad hacia ellos.

Para que sea efectivo, este don debe ser ejercido con amabilidad y alegría, no como una obligación, lo cual el Espíritu Santo crea en el corazón de quienes lo tienen.

El término que se usa para describir este don significa tener piedad por alguien y ser compasivo. En el griego clásico a menudo se describían las emociones que se sentían con la aflicción que alguien padecía injustamente. Estas personas mencionadas en Romanos 12 son las que Dios ha dotado de una medida especial de fe para identificarse emocionalmente con otros con el fin de mostrarles compasión. Son personas de gran sensibilidad, con una marcada habilidad para percibir cómo están emocionalmente las personas, y para identificarse con lo que están sintiendo o padeciendo. Se proponen hacer el bien y ayudar a otros mediante una motivación desde lo más profundo. Vienen a ser el corazón de la iglesia.

Tener misericordia es más que sentir dolor por alguien. Este don implica hacer algo con el propósito de aliviar la situación y hacerlo con alegría, con placer o gracia; es ser un rayo de luz en una sala de enfermos. Es probable que la exhortación a la alegría acompañe al don de la misericordia porque la base fuertemente emocional de este último lo hace propenso a la melancolía o a la depresión emocional. Las personas que sufrieron una tragedia, que están en un hospital, en un hogar de ancianos, en un centro de rehabilitación o en una cárcel suelen estar cargadas de dolor, frustración y otros sentimientos negativos. Por ello el don de la misericordia se ejerce con alegría para contrarrestar estos oscuros sentimientos.

Quien ejerce el don de misericordia muestra en su trato la misericordia que Dios ha tenido con nosotros -quienes estábamos tendidos a la vera del camino golpeados y humillados, despreciados por los demás- cuando vino en Cristo a brindarnos su ayuda y pagar para nuestra recuperación. Dios tuvo compasión de nuestra miseria. Ésta es la forma en que el don de misericordia manifiesta la gracia de Dios para todas las personas.

Gracias al Señor la iglesia siempre contó con creyentes que ejercieron este don con alegría, brindando compasión y misericordia hacia sus hermanos y hacia quienes padecieron catástrofes, perdieron a un ser querido, padecían alguna discapacidad, estaban ciegos, sordos, lisiados o sufrían cualquier otra limitación o flagelo que ocurre en este mundo maldito por el pecado. A través de su gesto de ayuda mostraron la misericordia de Dios y su salvación y mitigaron el dolor o las limitaciones de quienes estaban desahuciados.

Este don también se ejerce en el día a día. Son múltiples los servicios sociales que hoy existen para atender las necesidades de quienes la vida ha golpeado de una u otra manera. Hogares de ancianos, de niños abandonados, cárceles, hospitales, y muchos otros establecimientos que fueron creados para brindar atención y misericordia a quien se siente en la miseria. A veces estos trabajos se desarrollan simplemente con profesionalismo y sin la vocación que nace del amor a Dios y al prójimo. El desgaste que se sufre en el día a día por brindar sin recibir nada a cambio empleando sólo habilidades naturales y no el don del Espíritu que se nutre y fortalece en Dios, hace que muchos abandonen estos ámbitos de servicio tan necesarios o sucumban detrás de otros intereses para obtener algo a cambio de tanto esfuerzo.

Cuando el creyente usa sus dones para estos ministerios siente que todo fluye con mayor naturalidad, que no es una rutina desgastante en la cual nunca se disfruta de un logro o una satisfacción personal. La fe en Cristo, su compasión y misericordia permiten la empatía. Sin ellos, todo lo que hagamos nos irá cansando y agotando terriblemente. Gracias a Dios en la iglesia no ha faltado este don tan importante para mantener los lazos de amor y consuelo. Muchas buenas obras motivadas por la compasión han surgido de ella gracias a quienes en su corazón tienen este don tan maravilloso.

> "Tan compasivo es el Señor con los que le temen como lo es un padre con sus hijos" (Salmo 103:13)

Preguntas para reflexión

1) ¿Qué razones habrán impulsado a Pablo a mencionar distintos dones en sus cartas a los cristianos de Roma, de Éfeso y de Corinto? ¿Por qué no se puede pensar que los dones mencionados por Pablo son los únicos existentes? ¿Qué peligros se corren de hacerlo así?

2) ¿Qué dones de los mencionados se observan más en tu comunidad de fe o iglesia? ¿Con cuáles de las comunidades cristianas arriba mencionadas te estarías identificando?

3) Si los dones responden a la sabiduría de Dios y las necesidades de nuestra comunidad, y no a nuestros deseos y oraciones, ¿qué crees que es lo que Dios quiere que hagamos con estos dones que nos ha concedido?

4) ¿Por qué razón existen algunos dones que resultan más polémicos para las iglesias cristianas? ¿De qué manera podrían estos dones reflejar el verdadero propósito que Dios tiene con ellos?

Capítulo 5

¿Cuál es mi don?

Cada una de las personas de la Trinidad tiene un importante papel en la concesión de los dones. El Padre es la fuente absoluta de los dones, el Hijo es el mediador de los dones, y el Espíritu Santo es el que los distribuye. Al igual que con nuestra salvación, Dios el Padre la planea, Dios el Hijo la ejecuta, y Dios el Espíritu Santo la aplica a nuestra realidad. Por eso, a la hora de identificar los dones que nos han sido concedidos, es preciso que tengamos presente toda nuestra vida, ya que Dios ha puesto sus ojos en nosotros desde antes de llegar a la fe.

> "Tus ojos vieron mi cuerpo en gestación: todo estaba ya escrito en tu libro; todos mis días se estaban diseñando, aunque no existía uno solo de ellos" (Salmo 139:16)

El cuerpo que Dios nos ha concedido, con sus cualidades físicas, nuestra historia personal con los aprendizajes que recibimos de nuestra familia, escuela e iglesia, y las circunstancias que vivimos, son parte de aquello que tendrá que ver con nuestras habilidades. La salvación que Dios operó en nosotros por medio de Cristo, nuestras debilidades y pecados y el modo en que Cristo nos perdonó también hace al ministerio y a la misión que Dios tiene preparados para nuestra vida. La nueva vida que fue engendrada por el Espíritu Santo y la vida de santificación que se opera por la Palabra, el Bautismo y la Santa Cena, y la comunidad de fe a la que somos llamados marca también una tendencia que nos puede ayudar a la hora de identificar nuestros dones. Por ello, para identificar nuestros dones es conveniente considerar toda nuestra vida, y la misericordiosa mano del Señor que nos ha creado, salvado, y santificado.

¿CUÁNDO SE RECIBEN LOS DONES?

Los dones son manifestaciones de la obra del Espíritu Santo en la vida del creyente. Por ello, como la acción del Espíritu es como el viento, que no se sabe de dónde viene ni a dónde va, aunque se percibe su acción y su sonido, los dones son más bien reconocidos cuando se ejercitan o manifiestan, y no tanto en el momento en que se reciben.

Es difícil precisar cuándo y cómo se han recibido los dones del Espíritu, como es difícil determinar en qué momentos actúa en nuestro corazón. Sólo podemos asegurar por la palabra de Dios que cada creyente llega a la fe sólo por la acción del Espíritu Santo, y que este mismo Espíritu es el que nos concede los dones o los manifiesta como tales. Por lo tanto todo hijo de Dios posee dones los cuales ha recibido en el momento que el Espíritu hizo su morada en él. Ciertamente, el Espíritu otorgará y sustraerá dones en las diferentes etapas de la vida de una persona, dependiendo de la voluntad de Dios para esa persona y su iglesia.

Ante esta realidad, hablamos más bien de descubrir los dones que el Espíritu nos ha otorgado en lugar de recibirlos como respuesta a un pedido o a una oración. Aunque reconocemos que el Espíritu puede otorgar a la iglesia lo que ésta pida al Padre para hacer su misión, a veces sucede que los dones están latentes y nos son reconocidos, y otras veces no son considerados como tales por el anhelo de poseer otro tipo de dones.

El afán por tener el control sobre los dones como manifestaciones de poder, más que como capacidades para servir a los semejantes para edificar sus vidas, ha llevado a algunos creyentes a creer que los dones no guardan tanta relación con la gracia, sino que son más bien capacidades disponibles y aprovechables con sólo pedirlo en oración, consiguiéndolos así por méritos y esfuerzos propios.

No existen principios bíblicos que convaliden este proceder. Dios no niega su Espíritu Santo a quien lo pida, pero el modo en que el Espíritu Santo opere los dones y los manifieste en la vida de la persona no está a merced de la persona el pedirlo o reclamarlo. Simón el mago, al ver los dones que los apóstoles tenían quiso comprar ese poder, lo que delató su falta de integridad ante Dios (Hechos 8:9-24). Los apóstoles condenaron esta actitud y lo exhortaron a que se arrepintiera de este modo de pensar acerca del Espíritu Santo y los dones que él concedía.

Es por esta razón que conviene antes de pensar en los dones, pensar primero en nuestra relación con Dios y nuestro deseo de servirlo de corazón. Para ello será importante conocer cuál es el plan que Dios tiene para nuestra vida; considerar nuestra fidelidad respecto a esta misión o llamado del Señor, y nuestra disposición a pagar los costos y sufrimientos que implica el ejercicio de este don.

¿QUÉ RELACIÓN GUARDA NUESTRA CONSAGRACIÓN CON EL USO DE LOS DONES?

Los dones que el creyente ejercita producen en su vida el fruto del Espíritu Santo, y es de esperar que cuánto más santificado o consagrado sea el creyente, más bendición experimentará en el ejercicio de su don. Para que el Espíritu Santo pueda producir su fruto en nuestra vida es necesario tener una actitud de entrega o dependencia de su obra; si esto no ocurre, lo que se produce es una lucha interna por imponer la voluntad propia por sobre la guía del Espíritu lo que no permitirá que se desarrolle el fruto del Espíritu.

En la práctica, la dependencia del Espíritu se consigue cuando el creyente vive disciplinadamente en cuanto al uso de su tiempo siendo diligente en la oración y el estudio de la Palabra, se afianza cuando el creyente rechaza el pecado y se resiste a hacer su propia voluntad, y cuando responde con su vida al llamamiento que Dios le ha hecho reconociendo que ya no es su propio dueño sino que pertenece totalmente a Dios que lo creó, lo redimió, y vive en él.

Esto demanda aceptar las consecuencias de la cruz, que nuestra vieja vida ha terminado, que fue crucificada con Cristo, que el control de nuestra vida está en manos del Espíritu y no de la carne y que si no hay una entrega genuina del creyente, no es posible ningún cambio. La victoria se consigue solamente luchando contra los malos deseos que pretenden apartarnos de Dios.

El conflicto surge porque nuestra vieja naturaleza se niega a morir. Hay creyentes que son muy superficiales con su vida cristiana y niegan el conflicto, lo dan por ganado y no luchan: en realidad conviven con el pecado sin saber que de ese modo, nunca lograrán la victoria ni una verdadera entrega. Hoy hacen lo que Dios quiere y mañana lo que quieren ellos.

Pero cuando el creyente se resiste al pecado, confiesa sus pecados y recibe el perdón irá creciendo en su fe. Cristo irá tomando el primer y más importante lugar en el corazón y de ese modo irá despojando de su poder al pecado. Como dice San Pablo:

> "Con respecto a la vida que antes llevaban, se les enseñó que debían quitarse el ropaje de la vieja naturaleza, la cual está corrompida por los deseos engañosos, ser renovados en la actitud de su mente; y ponerse el ropaje de la nueva naturaleza creada a imagen de Dios, en verdadera justicia y santidad" (Efesios 4:22-24)

El hombre nuevo que Dios ha creado se va renovando conforme a la imagen del que lo creó y esto es obrado por Cristo por medio del Espíritu Santo. Esta obra de santificación no se puede lograr por el poder propio de cada hombre, sino que es obrada por Cristo. Esta renovación se opera en la mente y ocurre de modo continuo. La mente no es neutral porque se sujeta y subordina a un poder. La calidad moral de nuestros pensamientos, palabras, y acciones depende de qué poder está dominando.

La consagración suele ser penosa y demanda una actividad intensa del alma. Para ello es importante el contacto permanente con la Escritura, fuente de la verdad que santifica, la oración, y el ocuparse de las cosas del Espíritu.

Cuando el creyente depende del Espíritu Santo aprende a vivir con los recursos de Dios. Necesitamos ayuda desde fuera de nosotros, y es Dios por el poder del Espíritu quien la ofrece a quienes dependen de él. Depender significa subordinar nuestros deseos e intereses a los de Dios. El Espíritu nos dará discernimiento y sabiduría para luchar la batalla de cada día con las Escrituras y la comunión con Dios. Siempre hay una puja entre querer colocarnos en primer lugar en lugar de permitir que Dios tome el primer lugar.

Si nuestra vida no está llena de Dios y con las cosas de Dios, será invadida por el pecado. Por lo cual es necesario someterse en dependencia confiada al Espíritu Santo para que él nos conduzca. Recién entonces descubriremos la verdadera razón por la que hemos recibido los dones, porque reconoceremos que los dones no responden a las necesidades particulares que tiene uno mismo, sino que son concedidos en vista de las necesidades que tienen los demás. El propósito principal de los dones no es hacer solamente que el creyente se sienta competente y útil, sino que brinde un servicio a los demás.

Tres pasos para descubrir tu don

¿Cómo puedo descubrir o reconocer mi don? La respuesta a esta pregunta te ayudará a brindar un servicio eficaz para la buena marcha de la iglesia donde eres miembro.

Primer paso: ¿Para qué quiero descubrir mi don?

Primer requisito: la entrega a Cristo.

En la Carta a los Romanos el apóstol Pablo escribe la frase: "Así podrán comprobar cuál es la voluntad de Dios" (Romanos 12:2) y la aplica a nuestro don espiritual. Para ello es necesario en primer lugar, presentar nuestro cuerpo en adoración a Dios, que es el culto que él espera.

Se trata de reconocer que Dios es el propietario del cuerpo y estar dispuesto a que él lo use para su gloria. Poner a su disposición los talentos o habilidades naturales con los que él nos dotó. Servir al Señor supone un precio en términos de esfuerzo físico y de tiempo. Aunque servir a Dios es un gran gozo y privilegio no deja de requerir cierto sacrificio. Es como si el creyente estuviese sobre un altar.

El creyente que se considera propietario de su vida

sirve por obligación (tengo que hacerlo);
es motivado por su temor a los demás (¿qué dirán los demás?);
al trabajar suele hacer lo mínimo (¡este trabajo no me corresponde!);
en su enfoque del ministerio el creyente ocupa el primer lugar (¿cuáles son mis intereses?);
sirve con un espíritu de orgullo (mira lo que ha logrado);
su meta es glorificarse a sí mismo.

Sin embargo, el creyente que es siervo de Jesús

sirve por obediencia (quiero hacerlo);
es motivado por su comunión con Dios (¿qué quiere el Señor de mí?);

al trabajar suele hacer lo que sea necesario para el bien del ministerio;
en su enfoque del ministerio Dios ocupa el primer lugar
(¿cuáles son los intereses de Dios?);
sirve con un espíritu de humildad (mira lo que Dios ha hecho);
su meta es glorificar a Dios.

Después de reconocer que Dios es dueño y Señor de nuestra vida, es necesario renovar el entendimiento para que cambie nuestra manera de pensar acerca de la vida. Nuestras acciones son el reflejo de nuestros pensamientos. Lo que a veces consideramos correcto, conveniente e importante no siempre lo es para Dios. Debemos dejar que Dios obre en nuestra mente para que nuestras prioridades sean las de Dios. Esta renovación sólo ocurre por medio de la acción del Espíritu Santo que se vale de la palabra de Dios para santificar nuestra vida.

Sin la renovación de la mente y una sincera entrega a Dios, conocer el don sólo será un juego sin sentido ya que no existe ninguna intención de servir a Dios o al prójimo con este don. Las Escrituras no contienen exhortaciones para que el creyente busque sus dones, más bien lo animan a adoptar una actitud correcta que hace que cualquier don que se tenga sea útil para el reino de Dios.

Segundo paso: ¿Quién me puede ayudar a reconocerlo?

Segundo requisito: confirmación o afirmación.

Una de las principales confirmaciones de la voluntad de Dios es la opinión de los otros creyentes, especialmente de personas maduras y experimentadas en la fe. En Efesios 4:12 se menciona a los líderes de la iglesia quienes tienen la responsabilidad de ayudar a los miembros de sus congregaciones a servir al Señor.

Es importante para quien quiere conocer sus dones y ponerlos al servicio de Dios consultar con el pastor, maestros, u otros creyentes que lo conozcan a uno bien. Estas personas interesadas en el servicio a Dios podrán guiarnos en el reconocimiento de nuestras capacidades y habilidades como también en lo que, a su entender, Dios está queriendo hacer en nuestra vida.

Para ello es necesario que el líder tenga:

la madurez espiritual para discernir cuál es el don del creyente;
la habilidad de capacitar a los demás;
el coraje para decir "no" a una persona que quiere realizar una labor para la cual no es apta;
mucha paciencia porque los creyentes no siempre son fieles en sus responsabilidades;
la sabiduría para orientarlo hacia nuevas responsabilidades;
la humildad para renunciar a toda pretensión, ambición, y deseo de honor personal.

Los líderes deben ser lo más objetivos posibles. A veces las necesidades y urgencias de la iglesia hacen que veamos lo que queremos ver, o decir lo que nos gustaría que pase, pero que no es la voluntad de Dios. Una faltante de voces masculinas en el coro, no implica que el primer varón que aparezca deba ir a cantar en el coro. Tampoco es bueno desalentar al creyente porque los dones que tiene no son los que la iglesia está necesitando en ese momento. Hay creyentes que creen poseer dones para cubrir un área de servicio que ya está a cargo de otros creyentes; de todos modos estos dones pueden ser capacitados y usados.

También los padres, padrinos y amigos pueden orientarnos con el reconocimiento o la confirmación de nuestros dones. En este caso, su opinión será muy valedera por el conocimiento que tienen de nosotros mismos, pero pueden perder objetividad en cuanto a los afectos que acompañan estas opiniones. Los sueños y anhelos de nuestros padres y amigos pueden impedir que sean sinceros respecto de lo que nosotros percibimos como la voluntad de Dios.

Será necesario que estemos dispuestos a escuchar otras opiniones sin juzgarlas ni tildarlas de incorrectas. Siempre creemos que nosotros nos conocemos mejor que nadie, pero nadie debe ser sabio en su propia opinión. La apertura a otras opiniones para ver en qué aspectos existen coincidencias será muy necesaria para confirmar aquellos dones y habilidades que consideramos tener y que los demás también ven en nosotros. Recién cuando otros confirmen o afirmen los dones y habilidades que nos parecen manifestarse en nuestra vida podremos sentirnos seguros de estar viendo lo que Dios nos está mostrando.

Tercer paso: ¿Cómo identifico cuál es mi don?

Tercer requisito: las circunstancias de la vida y el sentido común.

El hecho de que Dios es soberano hace que las circunstancias de la vida puedan ser una indicación de cuál sea la voluntad de Dios. Por eso conviene que el creyente observe las circunstancias que han rodeado su vida ya que generalmente forman parte de la guía de Dios. Lo que hace que el sentido común forme una parte de la guía de Dios es el hecho de que el Espíritu Santo procura renovar la mente del creyente con tal de que piense como Dios piensa.

Algunas preguntas que pueden orientarnos en la búsqueda del don pueden ser las siguientes:

1. ¿Qué es lo que me gustaría hacer?

Los deseos del creyente pueden ser un reflejo de la obra del Espíritu Santo en su vida, y no estaría cometiendo ningún pecado si prueba un ministerio y descubre que no sirve para ello. Lo que sí es un gran error es no intentar probar algo nuevo, insistiendo que no sirve para ello sin siquiera haberlo probado. Una parte importante del proceso de descubrir nuestro don es averiguar cuáles son los dones que no tenemos. Lo que nos gusta, agrada o hace feliz responde a una de las características de los dones que es la de producir gozo o alegría por participar de la obra del Señor. El creyente nació para esa tarea, cuenta con las habilidades para realizarla y le resulta grato. Como se dice generalmente: nació para eso.

2. ¿Cuáles son las oportunidades que se me están presentando? ¿Cuáles son las necesidades de mi iglesia en este momento?

Tan importante es la disposición de hacer lo que sea necesario para el reino de Dios que el creyente podría servir en cualquier cosa mientras va descubriendo lo suyo. ¿Cuáles son las necesidades de la situación en la que Dios me ha puesto? ¿Cuáles son las oportunidades en particular para servir a los demás que se presentan en las circunstancias en las cuales me encuentro? Las respuestas a estas preguntas es muy posible que no la encontremos en nosotros mismos, sino que debamos hablar con los líderes de la iglesia o de la comunidad. El objetivo de los dones es suplir las necesidades de los demás para mostrar el amor de Dios hacia ellos. Las necesidades o carencias llaman a los que tienen los dones necesarios para suplirlas.

3. ¿Qué capacidades y talentos tengo?

Los dones guardan una relación íntima con las capacidades y talentos naturales. Es un error ir en contra de los talentos naturales. Quien no sabe hablar ni comunicarse con facilidad o carece de gusto por la lectura o el estudio no esperará que sus dones se relacionen con ministerios relacionados con la predicación o enseñanza de la palabra de Dios. En razón de ello puede preguntarse: ¿en qué trabajos he tenido éxito? El Espíritu Santo nos concede dones con el propósito de beneficiar a los demás. Los demás nos pueden ayudar bastante a identificar en qué áreas de la vida nos desenvolvemos mejor o qué potencial observan en nosotros. Sin embargo, no tiene sentido insistir en aquello en lo cual nadie resulta beneficiado y se termina siendo más un obstáculo que una ayuda.

En el descubrimiento de los dones resultará importante escribir qué dones reconozco que tengo o que quisiera tener. Luego preguntar a unas tres personas que me conozcan bien, que dones creen ellos que yo tengo y anotar sus opiniones. Comparar con los que anoté según mi opinión y ver cuáles dones resultan confirmados por estas tres personas. Finalmente puedo considerar qué dones puedo probar a ver si los tengo, es decir qué necesidades podría cubrir y si las tres personas podrían confirmarme si cuento con dones para cubrirlas. El conocimiento de uno mismo, la confirmación de otros, en especial de líderes cristianos, y las necesidades que se me presentan para servir son la mejor orientación para el descubrimiento de los dones. Permanecer sentado esperando alguna revelación especial de Dios a través de sueños o voces del cielo difícilmente traerá alguna respuesta a nuestra inquietud.

CAPÍTULO 5

CONOCERSE A UNO MISMO

Es importante conocerse y aceptarse a uno mismo con las características con las cuales Dios el Señor nos ha creado. Esto especialmente concierne al carácter o personalidad que se ha desarrollado en nosotros por herencia genética, educación y experiencias de vida. Al respecto existen muchos cuestionarios que pueden ayudarnos a identificarnos y que, si bien no deben considerarse como infalibles, pueden contribuir a un reconocimiento de nuestras capacidades y limitaciones.

Hay personas más extrovertidas, divertidas, y conversadoras. Su meta es ser feliz y hacer felices a los demás. Son sociables, demostrativas, y populares aunque en su afán por hacer felices a los demás se vuelven demasiado charlatanas, descaradas, y desorganizadas. Dios las hizo así. No tendrán mucho problema en poner la cara, en hablar, en animar, y divertir.

Hay otras personas que son el extremo opuesto. Son introvertidas, monótonas, y tranquilas. Su meta es vivir en paz y quieren que todos puedan vivir en paz. Son pausadas, quietas, pacientes, y les encanta escuchar a los demás. Pero a veces se vuelven demasiado inexpresivas, tímidas, y perezosas. Dios las hizo así. No tendrán problemas en escuchar, mediar en conflictos, y sembrar la armonía.

También existen personas que les gusta trabajar. Son decididas, emprendedoras, y dinámicas. Su meta es poder hacer cosas y quieren que todos trabajen también. Son arriesgadas, seguras, y productivas pero en su afán a veces se vuelven demasiado mandonas, impacientes, y dominantes. Dios las hizo así. No tendrán problema en trabajar, en tomar decisiones, en emprender nuevas tareas.

Y existen personas que también les gusta pensar. Son personas talentosas, respetuosas, y ordenadas. Su meta es hacer bien las cosas, lo más perfectas posibles, y quieren que los demás también sean así. Son personas analíticas, planificadoras, y ordenadas pero a veces se vuelven demasiado minuciosas, negativas, y criticonas. Dios las hizo así. No tendrán problema en pensar, y planificar, y en corregir lo que está errado.

Algunos identifican estos tipos de personalidades con los nombres de idealista, armonizador, emprendedor, y pensativo. El reconocimiento de nuestra personalidad permitirá coordinar nuestras habilidades naturales con lo que queremos y podemos hacer. Las tareas que implican mucho contacto con la gente no serán para los pensativos y armonizadores, los cuales preferirán tareas que no impliquen tanta exposición social.

Pero no siempre nuestra percepción es acertada. A veces vemos lo que quisiéramos ver y no somos totalmente sinceros con nosotros mismos. Necesitamos otra opinión, la cual debe ser lo más sincera posible. Es allí donde los líderes de la iglesia pueden ayudarnos como también otras personas que manifiesten un amplio conocimiento de nuestra persona pero que a su vez no sean demasiado condescendientes con nosotros mismos. Sería prudente consultar con alguien a quien respetamos y aunque no tengamos una relación muy íntima, haya demostrado ser sincero y respetuoso.

Estas dos primeras percepciones, la personal y la de otros creyentes, nos dará una idea más acabada de aquello que somos y hacemos mejor. Sin embargo, resta aún mirar a nuestro alrededor para ver con qué cosas Dios nos está desafiando, cuales son las circunstancias que nos rodean, los espacios que se abren para que brindemos nuestras capacidades.

EL ADN

En el folleto *Dones, un cuerpo en misión* de Silvia Chaves y Juan Harrower (1990) se presentan estas tres realidades a tener en cuenta al descubrir un don con un interesante gráfico que detallamos a continuación con algunas variantes.

Los tres círculos representan las preguntas antes desarrolladas.

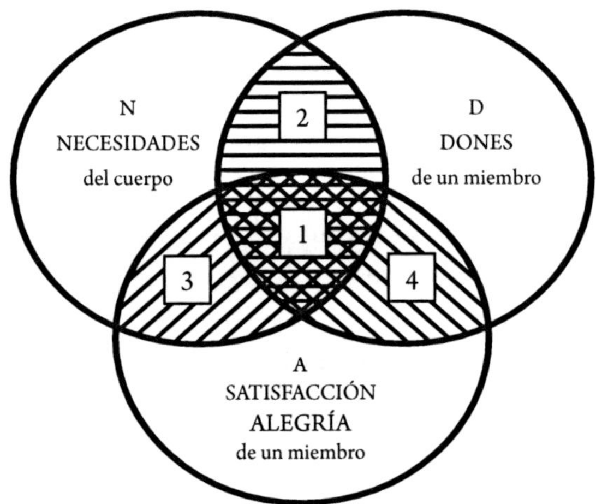

A. La **a**legría, gozo o satisfacción que experimenta el creyente por servir. Lo que le gusta.

D. Los **d**ones del creyente: son las capacidades o recursos que Dios le ha dado para servir. Lo que sabe hacer.

N. Las **n**ecesidades del entorno: el espacio, lugar o personas donde se desarrollará el servicio. Lo que se necesita hacer.

Los tres círculos se entrelazan generando distintas situaciones cuyo análisis puede aportar interesantes respuestas a ciertas problemáticas que surgen en el ejercicio de los dones.

1. La situación ideal es aquella en la cual el miembro ejerce sus dones respondiendo a las necesidades del entorno y se siente feliz de poder contribuir con ese servicio. Es la intersección de los tres círculos de alegría, dones y necesidades. Como situación ideal, siempre debemos buscar que ocurra así ya que resultará de beneficio para todos: para el creyente, para la iglesia, y para el reino de Dios. Pero no siempre ocurre de esa manera.

2. Representa aquellas situaciones en las que un creyente ejerce sus dones para cubrir una necesidad pero que no experimenta ninguna alegría. Sabemos que Dios ama al dador alegre, que espera que el servicio sea con alegría, y que si esta característica no aparece, merece considerarse la razón por la que sucede. A veces esto ocurre por falta de estímulo o reconocimiento, lo cual sería un factor externo, pero otras veces los motivos son internos como la falta de una clara comprensión de la gracia de Dios. Quien lo hace por obligación porque alguien lo tiene que hacer, tarde o temprano no lo hará más porque no le resulta de provecho.

3. Aquí se representa a un creyente dispuesto y que se siente alegre de servir a las necesidades existentes pero que no cuenta con los dones necesarios para ello. Hay creyentes que con mucho entusiasmo ayudan en sus iglesias y, cómo se dice comúnmente, tapan "el agujero" pero no tienen la capacidad ni habilidad para suplir esa necesidad, lo que tarde o temprano comenzará a observarse. En estos casos, como los dones son conferidos por el Señor en su soberana sabiduría, resultaría útil considerar si la persona requiere capacitar mejor su don, buscar una persona que pueda atender esa necesidad con los dones que se requieren, o que los líderes establezcan otros dones que suplan esta deficiencia. En todo debe primar el amor, el servicio, y la obediencia de Dios.

4. En este último caso se representa a una persona con un don específico y que encuentra alegría y satisfacción en su ejercicio pero no hay una espacio o necesidad para cubrir; o ya está cubierta por otras personas. Si bien parece extraño que exista una situación de este tipo, es bueno considerar en oración la razón por la cual está ocurriendo. A veces es necesaria la apertura de nuevos ministerios, el apoyo en otros lugares donde está faltando, o simplemente la espera ya que ésta también es importante para el aprendizaje y crecimiento de los frutos.

En todas estas situaciones es preciso recordar que no se trata de los dones de una persona sino de todo un cuerpo. Los dones de todos interactúan y es urgente que en las iglesias y comunidades cristianas aprendamos a cultivar una interdependencia los unos de los otros. No siempre se tendrán todos los dones específicos para cubrir todas las necesidades que aparezcan. Por lo cual los creyentes deberán estar dispuestos a trabajar en áreas donde no tengan dones pero que son necesarias para el equilibrio del cuerpo, mientras la iglesia considera como ajustarse más y mejor en la voluntad del Señor.

La falta de un análisis profundo acerca de las necesidades del cuerpo, mantiene al cuerpo en una rutina de ministerios que la tiene "todo el mundo" pero que no se ajusta a la realidad del lugar, del tiempo, y lo que es peor a la voluntad de Dios. Tener un cuerpo equilibrado y sano requiere de mucha madurez, y así como nuestros cuerpos sufren a causa del pecado y del mal uso que les damos, también ocurre con la iglesia que a menudo necesita "reformar" algunos aspectos para funcionar lo más ajustada posible a la voluntad de Dios expresada en su Palabra.

Los tres círculos, **a**legría, **d**ones y **n**ecesidades llevan las letras A, D, N. El ADN (ácido desoxiribonucleico) es en la medicina lo que lleva la herencia de un individuo y contiene información muy valiosa acerca de su identidad. De modo similar, cuando ejercemos nuestro don con alegría para satisfacer las necesidades de la comunidad, mostramos nuestra identidad como hijos de Dios y compartimos la herencia que recibimos de Cristo Jesús. El ejercicio de nuestros dones hace a nuestra nueva identidad en Cristo Jesús, a nuestra alegría por la gracia de Dios y su salvación, al amor que Dios quiere manifestar al mundo para su redención.

Alinear nuestra vida

Se cuenta la historia en la cual los barcos para encontrar la entrada exacta para arribar a un puerto debían observar cuidadosamente hasta que los tres faros que había en la costa quedaban alineados. De lo contrario, podrían equivocar la ruta y destrozar sus barcos por la cantidad de peñascos que había en el mar. Estos tres faros que deben alinearse para llegar a un puerto seguro se asemejan a tres factores que debemos considerar para saber con certeza cuál es la voluntad de Dios para nuestra vida. Los tres faros son nuestra percepción, la opinión de otros creyentes, y las circunstancias de la vida. Cuando estos tres factores se alinean y forman una sola luz, podemos navegar tranquilos, que no es sólo un parecer personal, ni es la idea de otros, ni es sólo porque las circunstancias parecen las más apropiadas. Y así como todos los ejemplos pueden tener un porcentaje de error, siempre debemos someter todo a la oración y a la consideración de las Sagradas Escrituras.

La importancia y la limitación de los test

Los cuestionarios y test para descubrir los dones no son de inspiración divina sino el reflejo de nuestros deseos, nuestra opinión sobre nuestras capacidades, y nuestra opinión sobre el beneficio y el éxito de nuestro servicio en el pasado. A partir de un test podemos saber qué dones nos gustaría tener, sin embargo, después necesitaremos probar si esos dones son en realidad para nosotros.

Es como quien hace una lista de la ropa que le gustaría comprar, pero que luego necesita probarla para ver si ese talle y esos colores le van. Por ello es necesario confirmar estos dones con los líderes de la iglesia quienes tienen la responsabilidad de capacitar a los miembros de la congregación para servir al Señor. El trabajo de confirmar los dones de un creyente puede incluir animarlo a asumir la responsabilidad de servir, ayudarlo a descubrir sus dones, proveerle de oportunidades, abrir puertas y crear nuevos ministerios donde sea necesario, y entrenarlo en el ejercicio de sus dones.

Existen muchos libros que contienen cuestionarios muy buenos y amplios como para poder identificar algunos de nuestros dones e inclinaciones. Este libro no contiene ningún test orientativo ya que su objetivo es más bien clarificar los conceptos acerca del ejercicio de los dones y estimular su aprovechamiento. La mayoría de los creyentes no tiene problemas para reconocer sus dones, pero sí le cuesta ejercitarlos o valorarlos.

Estos cuestionarios más que descubrir los dones nos ayudan a reconocerlos como tales. El concepto de que los dones llegan a nosotros como infusiones especiales y extraordinarias del Espíritu Santo, como un ungimiento que nos dota para el servicio con capacidades que antes no teníamos, es muy emocionante y hasta estimulante, pero dista mucho de lo que ocurre en la realidad. El Espíritu Santo, una vez que hace su morada en nuestra vida, comienza a alumbrar nuestra vida con el evangelio y a descubrir lo que antes no veíamos. Las manifestaciones del Espíritu o dones de gracia son capacidades que ahora vemos y antes no percibíamos, y que Dios nos ha revelado.

Es cierto que los dones requieren de capacitación para un mejor servicio. No es que el creyente encontrará un ámbito donde todo se dará naturalmente y no le exigirá ningún esfuerzo extra. El no sentirse a gusto de modo inmediato en el ejercicio de un don responde a menudo a una mala comprensión de lo que significa satisfacción o alegría. El gozo, alegría o satisfacción que Dios promete en el ejercicio de nuestros dones es de un orden más profundo, espiritual. No es pasarla bien, divertirse, no tener ninguna desilusión. Es saber y ver que lo que estamos haciendo es útil en el reino de Dios, que sirve al semejante, que nos hace sentir útiles y dignos.

Es por esto que para el ejercicio de un don es necesario realizar primero un compromiso serio de cumplir con la tarea que se nos delega. Este servicio debe desarrollarse por un tiempo considerable, no se puede cambiar de tarea cada dos semanas. A menudo surgen dudas y falta de entusiasmo ante algunos inconvenientes que es preciso superar para saber si éste realmente es el don con el cuál el Señor quiere que sirvamos a los demás.

En segundo lugar es imprescindible que cada creyente reconozca y respete la autoridad espiritual que Dios ha dado a los líderes de la iglesia y que sea responsable a la hora de llevar adelante el ministerio que le ha sido asignado. La improvisación suele ser un vicio, no una virtud, una excusa para no prepararse adecuadamente. El Espíritu Santo tiene mayor posibilidad de obrar cuando hay orden que en una situación de caos y desorden.

Siempre debemos recordar que lo que somos es más importante que lo que hacemos. Nuestro servicio a Dios tiene poco sentido y poder si no está avalado por una vida santificada.

Preguntas para reflexión

1) ¿Cuáles son los tres requisitos para reconocer nuestros dones? ¿Cuál es la importancia que reviste cada uno de estos requisitos?

2) ¿Cómo puede dificultar la falta de consagración el desarrollo pleno de los dones de un creyente? ¿Qué necesita hacer esta persona?

3) Analiza las situaciones no ideales del gráfico de ADN y relaciónalas con posibles casos dentro de tu congregación. Trata de buscar soluciones prácticas y bíblicas.

4) ¿A qué nos obliga el tener que considerar la opinión de otros y el estar atento a las circunstancias que nos rodean, y el sentido común? ¿Es posible conocer los dones sin tener en cuenta estos requisitos?

Capítulo 6

La mejor manera de usar los dones

El amor es lo que nos permite hacer el uso más eficiente y correcto de los dones

"Ahora les voy a mostrar un camino más excelente.
Si hablo en lenguas humanas y angelicales, pero no tengo amor,
no soy más que un metal que resuena o un platillo que hace ruido.
Si tengo el don de profecía y entiendo todos los misterios y
poseo todo conocimiento, y si tengo una fe que logra trasladar montañas,
pero me falta el amor, no soy nada.
Si reparto entre los pobres todo lo que poseo,
y si entrego mi cuerpo para que lo consuman las llamas,
pero no tengo amor, nada gano con eso.
El amor es paciente, es bondadoso.
El amor no es envidioso ni jactancioso ni orgulloso.
No se comporta con rudeza, no es egoísta,
no se enoja fácilmente, no guarda rencor.
El amor no se deleita en la maldad sino que se regocija en la verdad.
Todo lo disculpa, todo lo cree, todo lo espera, todo lo soporta.
El amor jamás se extingue, mientras que el don de profecía cesará,
el de lenguas será silenciado y el de conocimiento desaparecerá.
Porque conocemos y profetizamos de manera imperfecta;
pero cuando llegue lo perfecto, lo imperfecto desaparecerá.
Cuando yo era niño, hablaba como niño, pensaba como niño,
razonaba como niño;
cuando llegué a ser adulto, dejé atrás las cosas de niño.
Ahora vemos de manera indirecta y velada, como en un espejo;
pero entonces veremos cara a cara.
Ahora conozco de manera imperfecta,
pero entonces conoceré tal y como soy conocido.
Ahora, pues, permanecen estas tres virtudes: la fe, la esperanza y el amor.
Pero la más excelente de ellas es el amor" (1 Corintios 13)

Cuando se escribió originalmente 1 Corintios, no existía la división en capítulos. Por lo tanto, los capítulos 12 al 14 formaban una sola unidad con un único propósito: el de la unidad del cuerpo de Cristo en el ejercicio de la diversidad de los dones del Espíritu. La preocupación de Pablo en este capítulo refleja que es posible que las manifestaciones del Espíritu operen sin amor, lo cual, lamentablemente, destruye el propósito de Dios de que los dones sirvan para la edificación de los creyentes y la salvación de los que no lo son.

"El camino más excelente" que San Pablo quiere mostrar a los creyentes es el ejercicio de los dones o manifestaciones del Espíritu motivados por el amor. Todas las manifestaciones del Espíritu deben ser al mismo tiempo manifestaciones de amor, porque el amor de Dios y su gracia por la humanidad es la cuestión fundamental detrás de todas las cosas que Dios hace en este mundo.

Lo que no es el amor

El amor no es envidioso

La idea aquí es no actuar motivados por la rivalidad o la competencia. En Hechos 17:1-9 se nos relata un episodio en el cual los judíos, llenos de envidia hacia Pablo y Silas, motivaron un alboroto en la ciudad que produjo serias confusiones y altercados. Si hay envidia en nuestro corazón y rivalidades en la iglesia al ejercer los dones, será necesario trabajar en el amor y en la comunión entre los creyentes.

El amor no es jactancioso ni orgulloso (no se envanece)

El orgullo constituía un problema serio en la congregación de Corinto. Creerse mejor que los demás o que el don que uno posee es de mayor importancia no responde a una actitud de amor hacia el prójimo. El creyente no debe comportarse como un palabrero, ni hacer alarde de sí mismo.

> "El conocimiento envanece, mientras que el amor edifica. El que cree que sabe algo, todavía no sabe como debiera saber. Pero el que ama a Dios es conocido por él" (1 Corintios 8:1-2)

A veces somos tentados a hacer alarde, a jactarnos de nuestros conocimientos y capacidades, en tanto que en otras nos jactamos de lo que podremos hacer olvidando que somos como niebla que pronto desaparece. Siempre debemos reconocer que si Dios permite haremos esto o aquello. Toda jactancia es mala (Santiago 4:13-17).

El amor no se comporta con rudeza (no hace nada indebido)

El texto se refiere a un comportamiento vergonzoso, grosero o impropio el cual debe evitarse en la relación con los demás y con el ejercicio de los dones. Aparentemente algunos creyentes en el ejercicio de sus dones no respetaban el orden y las buenas costumbres, volviéndose groseros en sus acciones y manteniendo un comportamiento que no corresponde a la situación. Este comportamiento en la iglesia se observaba también a la hora de celebrar la Cena del Señor. Algunos se adelantaban y comían todo mientras otros se emborrachaban. Esto trajo más perjuicio que edificación (1 Corintios 11:17-21). Esto no fue actuar con amor.

El amor no es egoísta (no busca lo suyo)

No hemos de enamorarnos de nuestros logros ni de nuestra importancia. En 1 Corintios 10:23-24 San Pablo propone una manera de combatir el egoísmo. Debemos ejercer la libertad cristiana teniendo en cuenta que sea para la edificación de los demás. El amor, entonces, consiste en actuar de manera exactamente opuesta a nuestra naturaleza egocéntrica que nos invita a pensar siempre primero en nosotros mismos.

> "Los fuertes en la fe debemos apoyar a los débiles, en vez de hacer lo que nos agrada. Cada uno debe agradar al prójimo para su bien, con el fin de edificarlo. Porque ni siquiera Cristo se agradó a sí mismo..." (Romanos 15:1-3)

El amor no se enoja fácilmente, ni guarda rencor (no se irrita)

El objetivo aquí es impedir que los demás nos inciten fácilmente a la ira. En Hechos 15:36-41 se nos relata un desacuerdo entre Pablo y Bernabé que generó un conflicto tan serio que terminaron por separarse y formar distintos equipos de trabajo. Pablo no quería llevar a Juan Marcos pues los había abandonado en el viaje anterior y eso lo había molestado mucho. Guardar rencor, llevar un registro de las ofensas que alguien nos hizo es una muestra de que aún necesitamos aplicar la gracia de Dios en nuestra vida. Jesucristo fue capaz incluso de perdonar a quienes lo crucificaron, mostrándonos así que en el poder del Espíritu y en la obediencia a Dios podemos ser libres del rencor (Lucas 23:34).

El amor no se deleita en la maldad (no goza de la injusticia), sino que se regocija en la verdad (se goza de la verdad).

El mal debe ser aborrecido mientras nos aferramos al bien. Debemos rehusar sentir satisfacción por algún tipo de maldad (Romanos 12:9). De acuerdo a las enseñanzas en Romanos 12:14-21 la verdad se manifiesta cuando no maldecimos, buscamos la armonía, somos solidarios, no pagamos mal por mal ni buscamos venganza.

Lo que es el amor

El amor es paciente (sufrido)

El amor resume el fruto del Espíritu que se menciona en la carta a los Gálatas. Todas las virtudes mencionadas allí se incluyen en el amor, así como San Pablo resumió el cumplimiento de toda la ley de Dios en el amor. La palabra paciencia indica suavidad, indulgencia, fortaleza y firmeza. Habla también de la capacidad de sufrir la persecución y el maltrato. Describe a una persona que puede ejercer la venganza, pero que en lugar de hacerlo, se contiene. Caracteriza el amor verdadero que imita la paciencia de Dios para con los pecadores. La paciencia sabe cómo equilibrar el deseo de justicia con la misericordia que Dios espera de nosotros. Sin embargo, la paciencia no renuncia a la justicia convirtiéndose en complicidad con lo malo. Sólo da tiempo para el arrepentimiento. En la paciencia se nos invita a comprender las acciones de otro, y a no juzgarlo inmediatamente.

El amor es bondadoso (benigno)

La bondad es otro fruto del Espíritu que describe la dulzura y la gentileza en el trato con otros. La bondad o benignidad es la habilidad de actuar para el bienestar de quienes abusan de la paciencia. El Espíritu Santo aplaca la agresividad de carácter del creyente quien se controla para no responder de acuerdo a su naturaleza humana. La benignidad es una cualidad del carácter de Dios hacia los pecadores quien espera que tratemos a los demás como él nos ha tratado a nosotros.

El amor todo lo disculpa (lo sufre)

¿Puede el amor hacer algo tan grande? San Pablo expresa en sus cartas su intenso sufrimiento por amor a la congregación de Corintio. A pesar de las burlas de algunos, del cuestionamiento que hacen de su autoridad como apóstol, de la debilidad de la que lo acusan para enfrentar los problemas, los sigue amando, aunque sufra terriblemente por sus insinuaciones. El amor es más fuerte que el sufrimiento cuando ese amor brota del Espíritu y de Dios mismo. "¿Quién nos apartará del amor de Cristo? ¿La tribulación, o la angustia, la persecución, el hambre, la indigencia, el peligro o la violencia? Así está escrito:

> "Por tu causa siempre nos llevan a la muerte; ¡nos tratan como a ovejas para el matadero!' Sin embargo, en todo esto somos más que vencedores por medio de aquel que nos amó" (Romanos 8:35-37)

El amor de Cristo todo lo sufrió y ese amor ahora vive en nosotros. Nosotros también podemos sufrirlo todo, disculparlo, porque su poder habita en nuestro corazón.

El amor todo lo cree

El amor genera la confianza. Dios demostró su amor cuando envió a su Hijo Jesús y en esto consiste el amor: no en que nosotros hayamos amado a Dios, sino en que él nos amó primero. Este amor de Dios del que nos llegamos a convencer por la acción del Espíritu Santo, nos lleva a cambiar nuestra percepción de Dios. A quien antes veíamos como un Dios que nos condenaba por nuestros pecados y a quien queríamos evitar, ahora vemos como un Dios de amor que nos perdona por el sacrificio de su Hijo en la cruz. "¡Fíjense qué gran amor nos ha dado el Padre, que se nos llame hijos de Dios!" (1 Juan 3:1). Este amor de Dios despierta la fe en él, la confianza en que todas sus promesas son ciertas. Da la certeza de lo que se espera y la convicción para lo que no se ve aún (Hebreos 11:1). Y esta fe en Dios renueva nuestra credibilidad, no en nuestras propias fuerzas o capacidades sino en el poder de Dios. El amor por Dios todo lo cree. No es ingenuidad ni la necedad de creer en cualquier cosa. Es la fe en el Dios de amor que nos ha salvado. Es seguridad plena en la salvación y en la vida eterna que Jesús nos consiguió.

El amor todo lo espera

La esperanza se extiende hacia las cosas futuras, y hay mucho por esperar porque fuimos salvados en esperanza. Pero esta esperanza no se funda en meras suposiciones y posibilidades sino en hechos concretos del pasado. Cristo murió y resucitó, y también ascendió a los cielos para garantizarnos nuestro futuro y nos concedió el Espíritu Santo que es las primicias y la garantía de lo que hemos de recibir al final de los tiempos. La esperanza quita el temor al futuro. La esperanza genera constancia y paciencia en esta vida sobre todo en los tiempos de sufrimiento. El amor derramado en nuestras vidas hace posible esta esperanza, este darse tiempo y dar tiempo a los demás.

El amor todo lo soporta

¿Cuánta carga es posible soportar? Eso depende de quien se trate. Cristo soportó el peso de la cruz por amor a la humanidad. El apóstol San Pablo escribió: "Si sufrimos, es para que ustedes tengan consuelo y salvación; y si somos consolados, es para que ustedes tengan el consuelo que los ayude a soportar con paciencia los mismos sufrimientos que nosotros padecemos" (2 Corintios 1:6). Soporta quien tiene consuelo y paciencia. Quien en su corazón tiene un amor más grande que el que ahora debe procurar para sus hermanos podrá soportar todas las cargas. Podrá tomar su cruz y seguir a Cristo.

> "Ayúdense unos a otros a llevar sus cargas, y así cumplirán la ley de Cristo" (Gálatas 6:2)

El amor nunca deja de ser

Nuestra idea respecto de los dones y la manera de aprovecharlos irá cambiando a lo largo de nuestra vida cristiana, así como cambia nuestro comportamiento entre la niñez y la edad adulta. Los dones son instrumentos con los que Dios ha dotado a la iglesia para el avance del evangelio y el crecimiento en la fe. Son muy importantes para el desarrollo de la iglesia en el mundo; pero no son eternos. Cuando llegue el fin y la consumación de nuestra redención lo que habrá de brillar y perdurar es nuestro carácter que se fue desarrollando gracias a la acción del Espíritu Santo. Por ello no debemos nunca optar por ejercer los dones sin amor. El carácter perdurable del amor es lo que lo hace mayor a todo.

La palabra "ágape" que se usa en las Escrituras para hablar del amor, raramente se usa en los manuscritos griegos existentes de la época. Esta palabra describe una invencible benevolencia y una inmensa buena voluntad, que siempre busca el bien de la otra persona, no importa lo que ésta haga. Es el amor sacrificial que da libremente sin pedir nada a cambio y no se detiene a considerar el valor de su objeto. Tiene que ver con voluntad más que con la emoción. Por esto esta palabra describe el amor incondicional de Dios por el mundo, y es el amor que Dios espera que aprendamos a brindar al prójimo.

El amor es el principio guía para el ejercicio de todos los dones. De él se derivan otras instrucciones importantes para el ejercicio de todos los dones.

Las pautas más importantes a considerar en el ejercicio de los dones

Solemos tener algunos preconceptos acerca de cómo deben usarse los dones que no son provechosos para nosotros ni para los demás. Por ello debemos permitir que el Señor renueve nuestra mente con el estudio de las Sagradas Escrituras para que nuestras vidas se orienten en Cristo. Éste también era el problema de la congregación de Corinto. Tenían como modelo de manifestaciones espirituales los rituales paganos, y su modo de comportarse en la iglesia se basaba en el modelo de aquellas reuniones espirituales que antes tenían. Sus corazones eran sinceros y sus manifestaciones eran del Espíritu, pero su motivación y sus métodos eran similares a las prácticas de los paganos. Por ello la preocupación de Pablo era hacer un contraste entre las experiencias anteriores de ellos como paganos y la verdad cristiana.

Dada la vulnerabilidad que los seres humanos tenemos respecto de nuestro ego buscando manifestaciones que nos hagan sentir mejores, San

Pablo enseña respecto de los dones del Espíritu para que con una doctrina bíblica clara y correcta, estas manifestaciones estén en concordancia con la voluntad de Dios. Es importante ver que San Pablo no juzga los dones existentes sino que más bien los ordena para que sirvan al propósito divino, enseñándonos así que Dios puede conceder dones que nos resulten quizás un poco desconocidos pero que debido al tiempo y al espacio en que vive cada comunidad pueden resultar útiles para su crecimiento en la fe. Debemos ser cuidadosos de no impedir el ejercicio de los dones que el Señor ha concedido a su iglesia.

Será importante entonces que cada creyente considere sus dones y evalúe su ejercicio no sólo a partir del amor, como camino más excelente sino también con las consideraciones que surgen en la palabra de Dios respecto de los frutos que produce, la unidad que promueve, la edificación que ofrece, la madurez, el orden, la necesidad de juzgar cada cosa, y la paz. Si alguno de estos principios que Dios quiere preservar en el uso de los dones se ve amenazado, tendremos que revisar la manera en que estamos usando nuestros dones.

Los frutos

Cuando los creyentes centran su interés en sí mismos y en sus intereses particulares, en mostrar la belleza de sus dones y lo magníficos que son haciendo el trabajo del Señor, el Espíritu Santo no encontrará el espacio para engendrar el fruto, reproducir la imagen de Cristo y tanto esfuerzo resultará en vano para todos. Cuando separamos los frutos del ejercicio de los dones, la cosecha que aguarda o bien será nula o los frutos amargos que sólo traen la envidia, el orgullo, y la rivalidad.

Una obra vana o sin frutos es una obra falta de realidad y de sustancia, poco durable y estable en el tiempo. Un fruto vano es algo hueco, vacío, y falto de solidez. Es aquel fruto que sólo tiene cáscara o apariencia externa, pero que por dentro está seco, vacío, o podrido. Por lo tanto es inútil y no produce efecto. La persona vana es arrogante, presuntuosa, y envanecida. Así es la vanidad, y así son los dones que se ejercen sin amor: como bellas flores que se destacan por su aroma y su color, pero que se envanecen y se resisten a morir para convertirse en frutos para los demás.

> "Una voz dice: 'Proclama' ¿Y qué voy a proclamar? Respondo yo. Que todo mortal es como la hierba, y toda su gloria como la flor del campo. La hierba se seca y la flor se marchita, porque el aliento del SEÑOR sopla sobre ellas. Sin duda, el pueblo es hierba. La hierba se seca y la flor se marchita, pero la palabra de nuestro dios permanece para siempre" (Isaías 40:6-8)

Los dones, con toda su fuerza y su hermosura, cuando se convierten en un fin en sí mismos y no son ejercidos de acuerdo a la palabra del Señor, la cual vive y permanece para siempre, son simple hermosura y vanidad. La hermosura atrae, pero la vanidad espanta. Que triste realidad la de muchas "bellas acciones" que impactan y deslumbran a la humanidad, que atraen y hasta perfuman pero que carecen del fruto que produce el Espíritu Santo en los que actúan según la voluntad del Señor. Son similares a quienes daban sus limosnas para que la gente los viera, o a quienes hacían largas oraciones en las plazas sólo para que los demás los admiraran (Mateo 6:1-5).

Dios no se complace con que simplemente se haga su obra del modo más eficiente, debe realizarse del modo más eficaz; es decir de acuerdo a su voluntad para que produzca los frutos en los que la semilla del evangelio perdura y se reproduce. El fruto no se produce por sí mismo, con el sólo ejercicio de los dones. Es el Espíritu el que produce el fruto cuando el creyente ejerce sus dones de acuerdo a la voluntad de Dios.

El fruto que se manifiesta en el ejercicio de los dones representa la obra santificadora del Espíritu en nuestras vidas. Forma parte de nuestro continuo andar con Dios. No se trata de un don o una manifestación especial. El término fruto indica algo que crece como resultado de la vida. Las manifestaciones del Espíritu son poderosas; pero también lo es el fruto porque da testimonio de una vida transformada.

Estar lleno con el Espíritu afecta tanto al carácter como también a la actividad que uno desarrolla con sus dones. Los frutos del Espíritu Santo han de crecer en todos los aspectos de nuestra vida, en la misma medida que los dones se manifiesten a través de nosotros.

Resulta importante que comprendamos cómo se desarrolla el fruto del Espíritu Santo en nuestras El fruto no puede ser exigido ni producido legalmente. Es el resultado de nuestra vida en Cristo. El fruto del Espíritu se desarrolla, entonces, sólo cuando permanecemos en asociación íntima con Jesucristo. Jesús prometió que habrá de permanecer junto a nosotros, y por eso se nos invita a permanecer en estrecha unión con él.

> "Yo soy la vid verdadera, y mi Padre es el labrador. Toda rama que en mí no da fruto, la corta; pero toda rama que da fruto la poda para que dé más fruto todavía. Ustedes ya están limpios por la palabra que les he comunicado. Permanezcan en mí, y yo permaneceré en ustedes. Así como ninguna rama puede dar fruto por sí misma, sino que tiene que permanecer en la vid, así tampoco ustedes pueden dar fruto si no permanecen en mí" (Juan 15:1-4).

Por esta razón es tan importante que los dones se ejerzan dentro de los marcos que Dios ha establecido. Para algunos creyentes estas pautas los atemorizan y entonces prefieren "no hacer nada" a "hacerlo mal". Sin embargo, lo que marca un don bien ejercido no es la perfección en lo realizado o los resultados finales obtenidos sino la fidelidad y obediencia en el uso de los talentos conferidos. Esconder o guardar los dones en un pañuelo es aún peor que ejercerlos erróneamente; mientras lo primero es negligencia lo segundo es parte del aprendizaje en el ejercicio de los dones.

La unidad

La unidad en el cuerpo de Cristo no significa uniformidad. La unidad se basa en la obra de Dios en el corazón de los creyentes y no en los creyentes en sí mismos. Dios mantiene la diversidad de personalidades, de habilidades, de dones, de edades, de razas. La unidad y la diversidad no son antagónicas; al contrario, la unidad se forja cuando cada parte mantiene su identidad y se somete a la otra. Esta maravilla podemos observarla en las tres personas de la Santísima Trinidad. Cada una de ellas se preocupa por glorificar a la otra. Ninguna busca su propia gloria y provecho. Esta relación la observamos en la iglesia y su relación con Cristo. Cristo como el esposo la ama y entrega su vida por ella; y la iglesia se somete o sujeta a él motivada en el amor.

Dios espera que esta unidad también exista en la familia, entre el esposo y la esposa, entre los padres y los hijos; y como agente principal de la misión divina en la tierra, que se refleje en la iglesia toda y en la congregación local.

Necesitamos aprender lo que es unidad, porque nuestro temor a la diversidad, a lo desconocido y diferente nos lleva a distanciarnos, encerrarnos y hasta desvalorizar y querer hacer al otro a nuestra imagen y semejanza. No existe mayor enemigo de la unidad que la soberbia, que creerse más o mejor que los demás. Olvidarse de lo que somos, de nuestros pecados y desaciertos y de lo que Cristo tuvo que padecer para salvarnos; creer que nos merecíamos su salvación.

La Biblia enseña que los seres humanos están hechos a la imagen de Dios y que debemos respetar la posición que Dios ha dado a cada individuo. Nuestra unidad se basa en que todos fuimos creados por el mismo Padre, salvados por el mismo Señor Jesús, y poseedores del mismo Espíritu. Poseer talentos o dones diferentes no indica diferencias en dignidad, porque todos pertenecemos a un cuerpo, recibimos el mismo Bautismo, nos une la misma fe, y la misma esperanza. Pensar de otra manera es distorsionar la realidad. Cada individuo posee un valor y dignidad intrínsecos, en vista de que todos somos iguales ante Dios y en Cristo.

> "Por eso yo, que estoy preso por la causa del Señor, les ruego que vivan de una manera digna del llamamiento que han recibido, siempre humildes y amables, pacientes, tolerantes unos con otros en amor. Esfuércense por mantener la unidad del Espíritu mediante el vínculo de la paz. Hay un solo cuerpo y un solo Espíritu, así como también fueron llamados a una sola esperanza; un solo Señor, una sola fe, un solo bautismo; un solo Dios y Padre de todos, que está sobre todos y por medio de todos y en todos" (Efesios 4:1-6)

La edificación

Si bien este principio se deriva del uso del don de lenguas, donde San Pablo tiene cuidado de no decir que deben dejar de usarlo, la edificación es lo que prima por sobre el uso del don para provecho personal. En el don de lenguas la persona no habla a los hombres sino a Dios; nadie puede comprenderla porque habla misterios y sólo se edifica a sí misma. Pero, cuando se reúne la iglesia es egoísta tomar el tiempo de la reunión para edificarse uno mismo. Otros dones pueden cumplir una función más edificante porque hablan a todos los hombres y no sólo a Dios, sus palabras llevan edificación, exhortación, y consolación.

San Pablo recuerda al respecto:

> "A cada uno se le da una manifestación especial del Espíritu para el bien de los demás" (1 Corintios 12:7)

Pensar primero en los demás y no en uno mismo requiere de mucho esfuerzo. Es la premisa que Jesús nos dejó para vivir la nueva vida. Así como él se preocupó primero por nosotros, así también nosotros debemos buscar la edificación de los demás. Pero cada ser humano mantiene una lucha constante contra el egoísmo y la búsqueda del provecho personal. La carencia de una autoestima sana producto de los agujeros que el pecado va dejando en el alma de la persona, más las exigencias de la vida del mundo que alienta sobre todo a la búsqueda de la plenitud personal, en desmedro de las recompensas y de los valores que son eternos y trascendentes, hace que continuamente busquemos loores y aplausos en este mundo. Es difícil no hacerlo. Juan y Jacobo deseaban recibir algo en esta tierra, y Jesús los llamó a servir a los demás, donde se encuentra la verdadera grandeza.

Aprender a edificar a los demás con nuestros dones nos llevará tiempo, pero mientras lo hagamos iremos creciendo interiormente. A veces tendremos motivaciones no muy puras y nos sentiremos avergonzados y culpables por trabajar nuestros dones de un modo interesado. Sobre todo en los momentos en que debemos hacer grandes sacrificios personales, familiares o financieros para estar en una reunión, dar una clase, o participar de un curso, solemos mirar de reojo al cielo diciendo "más vale que valga la pena tanto sacrificio por los demás". Dios lo sabe, está al tanto de nuestras debilidades y nuestras necesidades de afecto y reconocimiento. Oremos por amor, oremos para que podamos conocer cuán ancho, largo, alto, y profundo es el amor de Cristo, capaz de llenar todos los agujeros que el pecado dejó en nuestro corazón.

Ser maduros en el modo de pensar

Pablo deseaba que los corintios compartieran la misma preocupación por la edificación los unos de los otros. Esto significa ser maduros en el modo de pensar y no dar lugar al enojo, la malicia o la mala voluntad, al tener que poner un límite al ejercicio de los dones. Ser adulto y maduro en el modo de pensar es buscar la comprensión mutua.

A los niños les cuesta esperar su turno, no ofenderse porque no les tocó primero o porque lo que el otro hizo salió mejor. El pensar en la iglesia de un modo maduro respecto de los dones no es algo que surge naturalmente. Esta madurez no se trata de la edad sino del desarrollo de la fe de cada persona. Quien no se preocupa por el conocimiento de la palabra de Dios y la práctica de la misma difícilmente desarrollará la madurez cristiana.

La inmadurez se refleja en celos y envidias, pleitos, rivalidades, competencias, y muchas otras obras de la carne. Como dice San Pablo en 1 Corintios 3:1-4: "Yo, hermanos, no pude dirigirme a ustedes como a espirituales sino como a inmaduros, apenas niños en Cristo. Les di leche porque no podían asimilar alimento sólido, ni pueden todavía, pues aún son inmaduros. Mientras haya entre ustedes celos y contiendas, ¿no serán inmaduros? ¿Acaso no se están comportando según criterios meramente humanos? Cuando uno afirma: 'Yo sigo a Pablo', y otro: 'Yo sigo a Apolos' ¿no es porque están actuando con criterios humanos?"

Las "chiquilinadas" o cosas de niños que suceden en nuestras congregaciones, a veces incluso entre los líderes de las mismas, son muestras de nuestra inmadurez en el modo de pensar. Debemos renovar nuestra mente, nuestro entendimiento para que esté acorde a la voluntad de Dios. Esto irá sucediendo si cada vez que suceden estas cosas, en lugar de negarlas, las reconocemos y buscamos la manera de perdonarnos, corregirnos, y crecer. No es posible evitar que estas cosas sucedan. Son parte de nuestro crecimiento. Lo que podemos hacer es madurar, lo cual implica aceptar nuestros errores, arrepentirnos, y con la fuerza que nos da el perdón de Cristo, seguir adelante hasta alcanzar la estatura de Cristo.

El orden

Pablo recomienda poner orden en la adoración pública para no crear confusión. Al hablar del don de lenguas, Pablo recomienda que el número de los que hablen debiera limitarse a dos o a lo sumo tres. En segundo lugar recomienda establecer turnos para que prime el amor y la cortesía; y por último que alguien interprete; de no haber un intérprete, entonces se debiera evitar el uso de este don.

El orden no necesariamente significa rigidez. Orden es colocar las cosas donde corresponden. Es buscar la armonía y disponer de la mejor manera lo que cada uno tiene para aportar. Existen ciertas reglas o métodos para hacer las cosas de tal modo que resulten de un mayor provecho. Para ello seguramente habrá que dialogar y consensuar, exigir ciertos sacrificios, apelar a la madurez y al respeto mutuo, a reducir el tiempo de algunos. Quizás "el orden" a veces se confunde con "la orden", con un mandato que se debe obedecer y por ello se vuelve un poco estricto e inamovible.

En lo que atañe al culto, hubo épocas en que el orden litúrgico se convirtió en algunas iglesias en una especie de ley que no admitía variantes ni modificaciones; y por lo tanto con el tiempo, en lugar de resguardar la paz trajo la pasividad, y de tanto reiterarla mecánicamente, perdió su verdadero propósito y sentido. Debemos ser cuidadosos en no confundir el orden que busca la organización del culto con una estructura rígida que no nos permite la participación y la creatividad en la adoración.

El orden no sólo es necesario en el ejercicio de los dones relativos a la adoración. En otros ámbitos debemos observar también el modo más práctico de participar con los dones a fin de que resulten de edificación. Los principios bíblicos, el sentido común, y la oración resultarán elementos claves para establecerlo.

La certeza: la necesidad de juzgar

Todos los dones necesitan de dirección e instrucción. San Pablo recomienda en sus cartas, al hablar de los profetas, que lo mejor es que hablen dos o tres y luego que permitan que los demás juzguen. El juicio implica un análisis y consideración de lo que se dice, cómo es que esto armoniza con la Palabra, y lo que el Señor desea hacer en relación con ello. La profecía trae un mensaje del Señor, por lo cual, para que resulte de bendición, debe ser examinada y evaluada. Es claro que la palabra de Dios no pretende que nos sentemos con la boca abierta y nos traguemos todo lo que se diga sin pensar en ello.

¿A quién le corresponde juzgar las manifestaciones? En primer lugar a los líderes de la congregación, al Consejo de Ancianos o Comisión Directiva, pero también le compete a todos los creyentes.

"Sométanlo todo a prueba, aférrense a lo bueno"
(1 Tesalonicenses 5:21)

Los creyentes a menudo carecen de capacidad para juzgar el ejercicio que se hace de los dones. No han desarrollado un espíritu crítico que les permita discernir entre lo verdadero y lo falso, lo bueno y lo malo. O bien se rechaza todo lo que es diferente o novedoso, o bien se permite cualquier cosa en el convencimiento de que en todo puede haber algo bueno. Esta carencia surge porque los líderes no permiten que "nada pernicioso" llegue hasta ellos. Todo se filtra para que el creyente no corra ningún riesgo en su salud espiritual, lo cual con el tiempo no le permite desarrollar la defensa que necesita.

Nuestro cuerpo sólo genera defensas para ciertas enfermedades cuando necesita defenderse de las mismas. Si éstas nunca ocurren, el cuerpo quedará vulnerable a cualquier ataque. Esto es lo que a veces sucede con la fe de algunos creyentes cuyos líderes los "alejan" de cualquier posible peligro para su fe con leyes y prohibiciones de cosas que ni Dios prohíbe. Al no tener ellos criterio para discernir se vuelven cada vez más vulnerables y dependientes de sus líderes, cada vez más inseguros de sí mismos y de su permanencia en la gracia de Dios.

Es importante por ello permitir la disensión, fomentar la evaluación, aprender a escuchar las opiniones divergentes, y motivar al acuerdo. No toda la crítica es mala cuando busca la edificación de la fe. Aunque requiere madurez y mucho amor y respeto, sólo una capacidad para juzgar los dones nos dará certeza y mayor seguridad en la fe.

La paz, no la confusión

El amor busca la paz, y la paz sólo es posible cuando los que ejercen su don reconocen que los espíritus de los profetas están sujetos a los profetas. Si el que ejerce un don no manifiesta amor y consideración por los demás, no es culpa del Espíritu Santo sino de él. Los que ejercitan dones espirituales no están hipnotizados ni en estado de sonambulismo. Los profetas y médiums paganos son usados por malos espíritus y no siempre pueden controlar lo que hacen. Las manifestaciones del Espíritu son controlables. El Espíritu Santo respeta a los hijos de Dios y los hace sus colaboradores.

Son especialmente los pastores, ancianos, y líderes de la iglesia los que deben buscar el orden y la paz. Una persona no debiera interrumpir el ministerio de otra en el momento en que sienta que el Espíritu le mueve o impulsa a aportar algo con su don. Nada se pierde con esperar hasta tener la oportunidad sin causar confusión o desorden. El controlarse hará que la impresión del Espíritu sea más profunda y que la expresión del don sea más efectiva. Si la persona no puede controlarse, el líder y la comunidad cristiana deberán buscar la manera de ayudarlo a crecer en ésta área, ya sea exhortándolo o ubicándolo con todo respeto.

Los que son espirituales aceptarán estas instrucciones concernientes al uso de los dones y no se considerarán superiores a la palabra de Dios. Apreciarán la variedad, la armonía, y se someterán al juicio de los demás.

No ser sabio en la propia opinión

San Pablo insiste en la necesidad de ser cuerdos en el modo de vernos a nosotros mismos.

> "Por la gracia que se me ha dado, les digo a todos ustedes: Nadie tenga un concepto de sí más alto que el que debe tener, sino más bien piense de sí mismo con moderación, según la medida de fe que Dios le haya dado" (Romanos 12:3)

Pensar de uno mismo con moderación, sobriedad o dominio propio significa tener buen juicio, ser sensato. Lo opuesto es tener un concepto de sí más alto que el que se debe tener; creerse más de lo que se es. ¡Cuántas personas sufren de esta locura, de este juicio incorrecto acerca de sí mismas!, tanto los que piensan de sí más de lo que deben pensar (soberbia) como los que piensan de sí mismos menos de lo que deben pensar (falta de autoestima).

El pecado nos hace sentir inferiores. No creemos en lo que Dios nos dice acerca de nuestro valor real. Nos comparamos con el resto de las personas en lugar de valorarnos de acuerdo a la escala de valores de Dios. Y lógicamente, siempre encontraremos mejores y peores. Y cuando nos sentimos inferiores, solemos sentirnos mejor cuando "rebajamos" el valor de las otras personas para poder sentimos superiores a ellos. Sin embargo, ese sólo es otro modo de engañarnos.

Dios diseñó esta forma de trabajar como cuerpo o como equipo porque es una de las mejores maneras de que la iglesia no actúe de acuerdo a los caprichos de algunos, para que se cuide de las decisiones precipitadas y personales; pero también para que no sufra el desgaste del trabajo solitario y se apoye en la sabiduría que surge de la diversidad de opiniones y tareas.

Demostrar que somos capaces de trabajar en armonía aunque no tengamos el mismo temperamento, ni seamos siempre de la misma opinión, es uno de los testimonios más valiosos para el mundo, y uno de los mejores medios de educación para nosotros mismos. Gracias a la diversidad de los dones, de los temperamentos, de la experiencia, y de la educación de cada uno, se pueden complementar mutuamente, apoyarse y animarse en cuanto a los riesgos que comportan las individualidades de cada uno. Es preferible renunciar que empeñarse en hacer triunfar nuestra opinión, puesto que en la multitud de consejeros hay seguridad.

Claro que para algunos "es mejor estar solo que mal acompañado", sobre todo para quienes han tenido sinsabores en su relación con el prójimo. Pero se puede volver a intentar, no ya con los criterios que antes teníamos sino con la fortaleza que da el Espíritu Santo.

Lo importante es no querer hacer triunfar nuestra propia opinión, sino más bien estar siempre dispuestos a volver a examinarla, a confrontarla con las objeciones de los demás, a saber esperar, a informarse sobre todos los aspectos del problema. Lo que cuenta, no es que tengamos razón y que triunfe nuestro punto de vista, sino que sea el pensamiento de Dios el que se concrete y se siga.

Si estamos convencidos de que nuestro pensamiento corresponde al del Señor y que sería importante que los demás lo compartan, lo que podemos hacer es orar al Señor para que él los convenza; o quizás nos alumbrará a nosotros para que veamos nuestro error, o nos dará la paciencia necesaria para esperar, o nos dará fortaleza en nuestra convicción.

Para que el trabajo en equipo aporte los beneficios espirituales que Dios nos ofrece es importante la comunión fraternal. A veces nos guiamos más por relaciones de negocios que por la comunión fraternal. Es importante que los demás no sean para nosotros colegas sino hermanos. De ahí la importancia de compartir fraternalmente momentos más allá de las actividades rutinarias, y no permitir que el diablo genere división y cizañas dentro del cuerpo de Cristo.

Las críticas son un "premio" para todos los que ocupan un lugar de responsabilidad o realizan alguna tarea. El defecto que muchos sufren es la susceptibilidad. Al oír una crítica hacia nuestra manera de obrar o por las decisiones que se han tomado, que han sacado a relucir los aspectos negativos de nuestra personalidad o de nuestro comportamiento, debemos intentar ver la parte de verdad de esas críticas, tomarlas en consideración pero sin sentirnos atacados. Dejarlo todo en las manos del Señor quien defiende el honor de los que le sirven y hace triunfar la verdad. Pidamos al Señor sabiduría para discernir cuando es oportuno hablar, y cuándo es preferible callarse.

Es importante velar acerca de nuestra enseñanza y nuestras actividades; velar por nuestro espíritu, nuestra lectura de la Palabra, y la oración; velar sobre nuestros pensamientos, vida afectiva, y nuestro cuerpo. También tenemos debilidades como todos los demás, y un adversario que busca devorarnos. Cuidado con él.

Otras cosas importantes que es bueno saber: delegar y asumir los roles propios

Pensar con cordura o con moderación también implica saber decir que "no". Existen momentos en que abarcamos más de lo que podemos hacer. Dios nos ha concedidos muchos dones y talentos y, en el afán por ayudar, y en otras por no estar ausente en nada de lo que ocurre, asumimos más tareas de las que podemos desarrollar. Para todo se requiere tiempo y esfuerzo, y haciendo una mala mayordomía de estos dones, afectamos otras áreas de nuestra vida como la salud, la familia o la amistad.

Es importante que podamos poner en oración todo desafío que se nos presenta porque no todos ellos son un llamado del Señor. A veces son nuestros propios deseos los que nos impulsan a formar parte de un ministerio más, o quizás a veces hasta resulten un escape de otras responsabilidades que debiéramos asumir. ¿Cómo saberlo? Evaluando nuestro crecimiento, el fruto que produce en nuestra vida y en la de nuestros semejantes. Si cada vez aparezco como un cristiano más ocupado y apurado que ya no tiene paz consigo mismo, y el cansancio me lleva a enojarme fácilmente, entonces no estoy produciendo el fruto del Espíritu Santo. Si encontramos que las tareas nos esclavizan y las obligaciones no nos permiten vivir en libertad ni un solo instante, por más lindo que sea el ministerio que estemos desarrollando, hay señales que debiéramos atender. Esos frutos no figuran entre los que el Espíritu quiere producir.

Es importante conocerse y asumir los roles que son propios de nuestros dones, y no excedernos en ocupaciones. El árbol necesita de una poda constante para que se fortalezcan las ramas fuertes y no se vaya en vicio. Nosotros también debemos aprender a cortar con aquello que insume tiempo y energía y no nos permite centrarnos en lo que verdaderamente es nuestro ministerio. Eso es pensar con cordura y no enloquecerse.

¿Y quién hará el resto? También es necesario aprender a delegar, a confiar en otras personas que recibieron el don para realizar otros servicios. Delegar no es simplemente dejar que otro haga, sino acompañarlo, enseñarle, y encaminarlo hasta que pueda desenvolverse solo. A veces cometemos el error de dejar simplemente que se haga cargo, sin explicarle cómo hacerlo, mostrarle, corregirlo, y alentarlo. Muchos creyentes han terminado frustrados por tener que asumir un ministerio del que anhelaban participar porque tuvieron muchas pruebas que afrontar que no supieron cómo sobrellevar. De haber existido alguien que les explicara, todo hubiese resultado más efectivo.

El tiempo tiene la culpa de todo, nunca alcanza para hacer todo lo que queremos hacer. Pero el tiempo es el mismo de siempre. Los que no somos iguales somos nosotros que tenemos otras prioridades y otra mayordomía de nuestro tiempo. Esto que nos sucede en el hogar, en el trabajo, también ocurre en la iglesia, y responde a una cosmovisión muy agitada de la vida de la cual todos quieren formar parte aunque no sepan bien para qué. De todo se "picotea" un poco porque de todo hay que probar; a todas partes hay que viajar; todo hay que ver; de todo hay que estar informado. Y en esa carrera frenética por ir a todos lados y tener todas las cosas, se cosecha la insatisfacción de quien perdió lo esencial que es invisible a los ojos y está en las sencillas cosas de la vida.

> "Porque nada de lo que hay en el mundo -los malos deseos del cuerpo, la codicia de los ojos y la arrogancia de la vida- proviene del Padre sino del mundo. El mundo se acaba con sus malos deseos,

pero el que hace la voluntad de Dios permanece para siempre" (1 Juan 2:16-17)

Debemos mantenernos atentos para discernir qué nos motiva a ejercitar nuestros dones para no caer en las trampas del diablo. Así como Cristo supo cómo vencer las trampas del diablo, que quería que convirtiera las piedras en pan, nosotros podemos vencer sus artimañas con las enseñanzas de las Escrituras.

No es fácil entenderse: las tensiones propias del trabajo en equipo

Un equipo se compone de varias personas que cumplen distintas tareas y ocupan distintos puestos de responsabilidad. Así como en un equipo de fútbol algunos defienden el campo de juego, mientras que otros atacan el campo del adversario, algunos juegan a la izquierda, otros a la derecha y otros al centro, así también en el equipo de la iglesia cada uno de los creyentes ocupa el lugar que Dios ha preparado para él de acuerdo a los dones que le ha concedido.

Cada uno piensa cómo debería hacerse la tarea, tiene su idea, su manera de trabajar porque lo mide de acuerdo a sus dones y habilidades. Largas e interminables serían las discusiones si intentáramos hacer todo a nuestro parecer. Esto genera tensiones propias del trabajo en equipo, desgastes, malos entendidos, disconformidades. Pero cuando todos nos subordinamos a la voluntad de Dios, permitiendo que aquel que es la cabeza dirija nuestros dones, estos desacuerdos se pueden superar, haciendo primar la obra de Dios.

Trabajar en equipo no es fácil y nadie nació sabiendo. Algunos creyentes se retiran ofendidos de la iglesia y pegan un portazo porque las cosas no se hicieron como ellos querían. Otros trabajan en equipo pero de mala gana, quejándose porque no ven la importancia de lo que están haciendo. Algunos están molestos con el capitán del equipo, otros con los defensores... pero ninguno puede jugar el partido solo. El aprendizaje sólo se irá dando a medida que lo practicamos; sólo allí encontraremos nuestra mejor posición, nuestro mejor desempeño.

Las tensiones más comunes que ocurren en el cuerpo de Cristo responden generalmente a:

a) no sentirse parte del mismo cuerpo.

b) el sentirse menos que los demás.

c) el sentirse más que los demás.

Al respecto San Pablo escribe en 1 Corintios 12 algunos consejos para estas tensiones que suelen darse en el cuerpo de Cristo.

No sentirse parte del mismo cuerpo

A los que no se sienten parte del mismo cuerpo, que son muchos, es preciso recordarles:

> "que todos fuimos bautizados por un solo Espíritu para constituir un solo cuerpo, ya seamos judíos o gentiles, esclavos o libres, y a todos se nos dio a beber un mismo Espíritu" (1 Corintios 12:13)

El creyente, en virtud de su Bautismo y de la fe que el Espíritu Santo operó en su corazón, forma parte del cuerpo de Cristo. ¿Por qué, sin embargo, algunos creyentes no lo sienten así? Algunas veces es sólo un sentimiento que necesita ser sometido a Cristo; otras veces este sentimiento puede estar basado en alguna situación real. Hay personas que forman parte del cuerpo de Cristo por tradición familiar o religiosa pero que aún no han experimentado la verdadera fe, el encuentro personal con Cristo. Es natural que no se sientan parte del cuerpo de Cristo, porque en realidad no lo son. En ese caso la iglesia deberá orar por ellos y acercarlos a la luz del evangelio para que lleguen a la fe verdadera.

Pero hay otros que no se sienten parte del cuerpo de Cristo a pesar de compartir el mismo espíritu porque las diferencias étnicas, raciales, sociales o económicas o de otra índole no permiten que se identifiquen con sus hermanos en la fe. ¿Será que Dios se equivocó al llamarlos a formar parte de ese cuerpo? Lo que sucede es que necesitamos madurar en muchos aspectos, y éste es uno de ellos.

La diversidad de razas, naciones, posición social o económica no deben ser prioritarios a la hora de formar parte de una congregación, aunque lamentablemente suele ocurrir así. El creyente "elige" su iglesia en virtud de los intereses comunes que comparte con ese grupo, y no en virtud del llamamiento de Dios por medio de su Espíritu Santo. Estos grupos de intereses comunes tarde o temprano se consumen en sí mismos porque no logran entender la verdadera razón de su existencia por el Espíritu Santo.

Esta tensión que Dios permite y a veces hasta genera dentro del cuerpo llamando a personas que no comparten los mismos orígenes, posiciones o intereses es una muestra de su gracia hacia la humanidad; una de las más grandes manifestaciones del amor que no hace acepción de personas.

El sentirse menos que los demás

Cuando el creyente se siente menos que los demás en vista de los dones que ha recibido también se originan tensiones que necesitan ser resueltas. Al respecto escribe San Pablo:

> "Si el pie dijera: como no soy mano, no soy del cuerpo, no por eso dejaría de ser parte del cuerpo. Y si la oreja dijera: como no soy ojo no soy del cuerpo, no por eso dejaría de ser del cuerpo. Si todo el cuerpo fuera ojo, ¿qué sería del oído? Si todo el cuerpo fuera oído, ¿qué sería del olfato? En realidad, Dios colocó cada miembro del cuerpo como mejor le pareció. Si todos ellos fueran un solo miembro, ¿qué sería del cuerpo?" (1 Corintios 12:15-19)

Las tensiones que se originan cuando un miembro no se siente del cuerpo porque no tiene el don que otro posee, a veces se originan en percepciones erróneas pero otras veces en valoraciones incorrectas de los dones. Puede que sea un problema del creyente que no valora el don que Dios le ha concedido. Cuando alguien le hace ver el valor y la importancia de este don, esta tensión suele resolverse.

En otras situaciones, es el cuerpo el culpable de sobrevalorar algunos dones, lo que hace que los que no lo posean se sientan creyentes de menor importancia. Hay iglesias cristianas que pretenden que todos los miembros tengan dones relacionados con la Palabra, que sean predicadores o evangelistas, que enseñen o canten alabanzas. El que no ha recibido ninguno de estos dones sentirá que, porque no sabe hacer esas cosas, no es parte del cuerpo.

En este aspecto los líderes y pastores son los principales responsables de reconocer los dones y valorarlos como servicios para el Señor. Hay iglesias monofacéticas en las cuales aparentemente el Espíritu desarrolló en todos los creyentes el mismo don. Pero a veces, ni siquiera los líderes son los culpables de esta manera de pensar ya que ellos mismos fueron formados en seminarios e instituciones teológicas que les exigían "desarrollar" determinados dones que no poseían para cubrir todas las tareas del ministerio.

¡Cuánto daño hemos hecho por ignorar los dones que Dios ha concedido y por no respetar al prójimo tal como el Señor lo bendijo! Hemos ignorado los dones que Dios proveyó a algunos miembros para no crear otros ministerios donde puedan desarrollar sus capacidades.

¿Cómo resolver las tensiones que surgen por esta "desvalorización" entre los dones? La capacitación del liderazgo de las congregaciones será muy importante, como también el reconocimiento de la diversidad de dones con que el Señor dotó a cada congregación. Es necesario también que forjemos una idea de cuerpo o congregación más flexible ajustada al sacerdocio universal de los creyentes. No todas las congregaciones pueden ser uniformes a lo largo y a lo ancho de un país, porque la identidad y la unidad no residen en cuestiones externas, sino en el Espíritu Santo que tenemos en el corazón. Cuando los miembros son todos iguales, ya no hay cuerpo. Quizás sí se asemeje a un club, pero esa no era la idea del Señor.

El sentirse más que los demás

San Pablo responde a la tensión que se origina en el cuerpo porque algunos sienten que pueden prescindir de los demás, que no los necesitan, con las siguientes palabras:

> "El ojo no puede decirle a la mano: no te necesito. Ni puede la cabeza decirles a los pies: no los necesito. Al contrario, los miembros del cuerpo que parece más débiles son indispensables, y a los que nos parecen menos honrosos los tratamos con honra especial. Y se les trata con especial modestia a los miembros que nos parecen menos presentables, mientras que los más presentables no requieren trato especial. Así Dios ha dispuesto los miembros de nuestro cuerpo, dando mayor honra a los que menos tenían, a fin de que no haya división en el cuerpo, sino que sus miembros se preocupen por igual unos por otros. Si uno de los miembros sufre, los demás

comparten su sufrimiento; y si uno de ellos recibe honor, los demás se alegran con él. Ahora bien, ustedes son el cuerpo de Cristo, y cada uno es miembro de ese cuerpo" (1 Corintios 12:21-27)

Las tensiones que ocurren por prescindir de los dones de otros miembros quizás no generen tanta rivalidad como en el caso anterior, sin embargo, el daño que causan al cuerpo de Cristo puede resultar aún mayor que cuando se pretende que todos los miembros desarrollen una actividad para la que no han recibido ningún don. Decirle a alguien que no necesitamos de su trabajo o de su don, es no reconocer el verdadero valor de cada miembro. San Pablo nos recuerda que muchos miembros del cuerpo que solemos considerar débiles o deshonrosos, pequeños y poco visibles en cuanto a su trabajo, de quien nadie notará su ausencia, suelen ser los más especiales e indispensables.

¿Quién crea esta tensión? En realidad es difícil que un miembro le diga a otro que no lo necesita; pero a veces no es necesario decir nada. Con simplemente dejarlo de lado, no reconocer su trabajo, ignorarlo o despreciar su don ya se le está insinuando su poca importancia. La persona que sufre este desprecio difícilmente reclamará al respecto, más bien se retirará y dejará de servir a Dios con los dones recibidos. El cuerpo luego sufrirá su ausencia y se dará cuenta de su importancia. Ese concepto de que lo que es débil y pequeño no tiene mayor importancia no condice con las enseñanzas del reino. Existen muchas enseñanzas de la Palabra que nos muestran que lo más importante en el reino de Dios no es lo más majestuoso.

Los discípulos se molestaban por la presencia de los niños a los cuales Jesús exaltó como los más importantes en el reino de los cielos. Los ricos se jactaban de sus ofrendas y Jesús exaltó la ofrenda de la viuda pobre porque dio de todo lo que tenía para vivir. Los gobernantes y reyes exaltaban a los que sometían a sus súbditos mientras que Jesús llamaba grandes a los que se ponían al servicio de los demás.

Los criterios de importancia del mundo a veces se infiltran en las iglesias y en sus programas de trabajo se observa a qué se le da más importancia. Es poca la consideración que se tiene hacia los niños, los pobres, las mujeres, los que sirven como si se pudiera prescindir de ellos. Y algunos lo han hecho y el cuerpo todo sufre las consecuencias de esta falta de visión cristiana.

Esta tensión se resuelve dando mayor honra a los que menos tienen, preocupándose igualmente los unos por los otros, compartiendo los sufrimientos y las alegrías. Para ello es necesario quitar ciertas ideas de nuestra mente, ciertos criterios de valoración que no son bíblicos y que no sirven para desarrollar un trabajo en equipo.

¿Es todo esto una utopía?

Que el cuerpo de Cristo se edifique y extienda sin tensiones es imposible. La lucha diaria que cada creyente tiene con el pecado, recordando a diario que murió con Cristo y resucitó con él, se reproduce también en la iglesia. Somos justos y pecadores que viven una tensión permanente hasta la definitiva redención de nuestras vidas. Pero esto no implica que nos resignemos y dejemos de buscar la meta, lo perfecto, lo que Cristo quiere para nosotros.

La nueva vida que Cristo nos ofrece como comunidad de fe es superior a cualquier otro sistema de organización. Valora las personas, hace crecer la fe, educa, restaura, y dignifica. Por ello, aunque existan tensiones que quizás asusten, existen hermosas ayudas para superar los desafíos, curar las heridas y vencer las debilidades. El perdón, para las ofensas; la presencia de Cristo en la Palabra y la Santa Comunión, con el poder del Espíritu Santo, para convencer y cambiar la dureza del corazón.

Si bien la salvación es un hecho individual en cuanto a la fe que el Espíritu Santo opera en la vida del creyente, el crecimiento en la vida de fe sólo es posible dentro de una comunidad. El fruto que el Espíritu quiere manifestar en nuestra vida sólo será posible cuando pongamos nuestros dones al servicio de los demás.

Funciones, dones, y cargos

Cuando un don se pone al servicio de la iglesia bajo la dirección del Espíritu Santo se convierte en un ministerio (servicio). Un ministerio es libre, sólo depende del llamamiento de Dios, y por lo tanto puede ejercerse fuera de todo cargo o función oficial. Pero cuando la iglesia, con el fin de asegurarse ciertos ministerios, ha confiado el servicio a una persona en la cual ha reconocido un don para ello, en ese momento el ministerio pasa a ser una tarea conferida normalmente por una elección y, en determinados casos, consagrada por la imposición de manos.

Un creyente que ha recibido el don de enseñanza se pone al servicio de la iglesia en el ministerio de la educación. La iglesia decide nombrarlo maestro para la escuela bíblica para asegurar la enseñanza de los niños, jóvenes, o adultos. El don es parte de un ministerio; algunos ministerios se oficializan para garantizar su permanencia.

El don es el indicio de la voluntad de Dios mientras que el cargo es la señal del reconocimiento del don por parte del cuerpo. El don es lo que da valor al ministerio. Los hombres deben ser llamados a posiciones en el ministerio y responsabilidad no en base a su popularidad o disponibilidad sino en base a sus dones espirituales.

El procedimiento normal parece ser el siguiente:

1. El Espíritu Santo otorga el don.
2. La persona ejerce su don en el marco de la comunidad bajo la forma de un servicio (ministerio).
3. La iglesia toma conciencia de este don que le ha sido otorgado por Dios y del servicio que está haciendo a la comunidad.
4. La iglesia reconoce la validez del ministerio e instituye oficialmente al que lo ejerce en el cargo correspondiente (por ejemplo por medio de la votación).

A veces las cosas no suceden así. Hay que cubrir un cargo y se elige a quien esté dispuesto aunque no tenga el don o no lo haya ejercido en un ministerio. Las estructuras creadas y que a menudo se repiten como modelos infalibles en todas las iglesias, obligan por medio de reglas internas a ocupar cargos a pesar de que la congregación no cuente con los dones necesarios para ello. Las estructuras y reglas deben surgir de las necesidades de cada grupo y no ser más importantes que el grupo mismo.

Hoy en día, hay muchos creyentes ocupando cargos y desarrollando funciones para las cuales no tienen el don, pero, como se dice generalmente, "alguien las tiene que hacer". Sin embargo, las comunidades se resisten a cambiar esta realidad que en muchos casos las ahoga "porque siempre se hizo así", y no conocen que el diseño de Dios para su iglesia no pasa necesariamente por cumplir con esa estructura.

Sin embargo, debemos dar gracias a Dios por toda esta gente dispuesta a servirle a pesar de las limitaciones que les son propias, ya que la iglesia también debe madurar en este aspecto en busca de los ministerios que Dios espera que desarrolle. Es posible también que Dios desarrolle un don en una persona al pasar el tiempo, o que ajuste el servicio a sus dones. Servir en un ministerio en la iglesia le puede dar al creyente acceso al reconocimiento, o aún al desarrollo, de ciertos dones.

En Efesios 4:12 se define claramente el objetivo de los ministerios de apóstol, profeta, evangelista, pastor y maestro: para el perfeccionamiento de los santos, en vista de la obra del ministerio y la edificación del cuerpo de Cristo.

El papel de estos ministerios es equipar a los santos para que sean capaces de llevar a cabo el ministerio en el cuerpo. Los que tienen alguno de estos ministerios son los encargados de formar, iniciar a los creyentes en el ejercicio de sus dones en un servicio o ministerio concreto en la iglesia. La edificación del cuerpo implica la unidad de la fe y del conocimiento del Hijo de Dios; un varón perfecto, la medida de la estatura de la plenitud de Cristo. Esto implica ir más allá de la inestabilidad infantil, profesar la verdad en amor, crecer en todo en Cristo, guardar las relaciones armoniosas entre los miembros.

Algunos de estos ministerios que han sido dados a la iglesia responden a la fundación de la iglesia como los apóstoles y evangelistas y otros tienen que ver con la edificación para la iglesia como los profetas y los pastores y maestros. Otros ministerios responden a la dirección de la iglesia como los ancianos u obispos; los pastores, los que presiden y otros ministerios que tienen que ver con servicios prácticos como los diáconos. Sin embargo, estos no son los únicos ministerios o áreas de servicio para una iglesia. Un ministerio es un encargo que debemos llevar a cabo.

Se puede tener un don sin ejercer el ministerio correspondiente, y también se puede asumir un ministerio sin poderlo desarrollar correctamente por no tener el don o desconocer las exigencias de la palabra de Dios referidas al mismo. El don es la capacidad que recibimos de Dios en tanto que el ministerio es la puesta en práctica del don al servicio de Dios y de los demás. El don se convierte en un ministerio cuando se pone al servicio, la iglesia lo reconoce, lo aprueba, y delega la realización de ciertas tareas al que posee este don.

Alguien puede haber recibido de Dios el don de ejecutar un instrumento musical. Si no lo pone al servicio de la iglesia, por ejemplo, acompañando la alabanza, no se convierte en un ministerio. Pero si es reconocido, convocado, y se responsabiliza de servir a Dios con su don en los momentos de adoración se convierte en un ministerio. Para ello resulta importante que la iglesia "oficialice" de alguna manera el ejercicio de este ministerio. Ello dará no sólo el reconocimiento y autoridad que el creyente necesita para desempeñar su don con libertad y entusiasmo, sino que también sabrá que lo que hace, lo hace para el Señor y a él deberá dar cuentas de su desempeño.

Cuando el creyente desarrolla el don sin reconocimiento a menudo se siente solo y cualquier otro creyente puede desautorizarlo en cuanto a su servicio. Muchas iglesias sólo reconocen, instalan o autorizan ciertos ministerios y otros de la misma importancia no reciben el mismo reconocimiento. Este don posiblemente se ejecute sin mucha responsabilidad, esporádicamente, sin mayor valoración porque la iglesia aún no lo reconoce como servicio o ministerio al cual Dios lo ha llamado. Sería prudente que las iglesias cristianas revisen su idea de ministerios a la luz de los dones que Dios les ha concedido. Mucho cansancio y falta de energía se podría solucionar con una organización más acorde a las enseñanzas bíblicas.

La importancia de la autoridad de la iglesia

Muchos de los que ocupan lugares de responsabilidad frecuentemente son rechazados cuando ejercen su derecho a intervenir en la vida de los demás. Todos piensan que saben perfectamente lo que deben hacer y no aceptan exhortaciones ni advertencias de los ancianos o del pastor. Está claro que quien tiene la autoridad suprema en el cuerpo es Jesucristo, la cabeza. Pero, al igual que para las demás funciones, Cristo delega el ejercicio de su autoridad en los que han sido instituidos en la iglesia local en determinadas funciones de dirección.

La práctica de la autoridad se convierte en algo muy delicado cuando los miembros rechazan someterse a las directrices de la Palabra. El Señor y los apóstoles indican el procedimiento que se debe seguir en estos casos por medio de la disciplina de la iglesia. Se corre el mismo peligro tanto ejerciendo autoritarismo o abuso de la autoridad como cayendo en la falta de autoridad y siendo demasiado indulgente. Las autoridades de la iglesia no son más que un canal o instrumento a través del cual Cristo obra en su iglesia.

Por lo tanto estas autoridades debieran ser tenidas en alta estima por ser el instrumento de Cristo y por actuar con su autoridad.

Servir implica ponerse a disposición de los demás, y no desarrollar un ministerio teniendo como meta la propia realización personal. Esta persona en realidad está esperando que los demás estén al servicio de sus aspiraciones, de sus ambiciones, y compensen sus frustraciones. Es importante que el creyente se someta a las autoridades de la iglesia quienes orarán por él y lo ayudarán a desempeñar su don de la mejor manera.

Preguntas para reflexión

1) Haz una lista de lo que es y lo que no es el amor. ¿Cuáles de las características del amor que describe San Pablo resultan más difíciles de poner en práctica? ¿Cuál podría ser una manera de crecer en ese aspecto del amor?

2) Considera las pautas más importantes a tener en cuenta en el ejercicio de los dones. ¿Cuál de ellas puede resultar más destructiva para el trabajo congregacional de no tenerla en cuenta? ¿Cuál de ellas puede pasar imperceptible? ¿Cuál de ellas traería consecuencias a largo plazo?

3) ¿Cuáles son las tensiones más comunes que se producen en un trabajo de cuerpo o de equipo? ¿Pueden evitarse o sólo pueden superarse cuando se presentan? ¿Por qué razón Dios permite que ocurran estas tensiones y desacuerdos en el trabajo?

4) ¿Cuál es la correlación natural que debe existir entre los dones y los cargos? ¿Para qué sirven los cargos? ¿Qué cargos o ministerios existen en tu comunidad de fe? ¿Cómo se procede al reconocimiento y autorización de esos ministerios? ¿Qué harías en el caso de que no exista ninguna persona con los dones para asumir un cargo o ministerio?

5) ¿Cuál es el vínculo que existe entre los creyentes y las autoridades de la iglesia? ¿Cuál es el aporte que realizan las autoridades al funcionamiento de la institución? ¿Quiénes son? Ora por ellos.

Capítulo 7

En el jardín de Dios

En el jardín de Dios hay muchos árboles y plantas que él plantó para que sus frutos traigan al mundo nueva vida. El Señor los bendijo para que den frutos y se multipliquen sobre la tierra (Génesis 1:28) llenándola de la gloria de Dios. Pero algunas plantas del jardín necesitan de podas porque se han ido por las ramas y sus frutos son escasos (Juan 15:1-8). Otras necesitan que se les remueva alrededor de sus raíces y se las abone para que de una buena vez comiencen a dar algo para el mundo (Lucas 13:6-9). En tanto que otras han producido malos frutos y deberán ser cortadas y arrojadas al fuego (Mateo 3:10). Hubo plantas que nunca germinaron porque cayeron en la dura tierra del camino; otras que no alcanzaron profundidad en sus raíces y el sol las secó; otras fueron ahogadas por los espinos y las malezas mientras que las que cayeron en la buena tierra dieron sus frutos (Mateo 13:3-8).

Tiene una gran labor el jardinero que debe velar por el nacimiento, crecimiento, y reproducción de cada una de estas especies que plantó. Corta malezas, remueve la tierra, poda las ramas y hace todo lo que está a su alcance para que los buenos frutos, los que llevan en su resguardo la semilla de la vida, lleguen al mundo con el verdadero sabor de la vida.

La gran variedad de plantas y árboles que hay en este jardín con sus múltiples formas, colores, y aromas muestran la maravillosa gracia del Creador, el grandioso amor del jardinero y la multiforme creatividad de la savia que los alimenta. Y cuando al florecer, en virtud de la reproducción, se forman los frutos, acompaña su maduración, a veces lenta, a veces rápida para que la semilla que conllevan llegue a buen término.

La iglesia es el jardín de Dios y los dones las bellas flores que producirán los frutos del Espíritu. Atendido por un misericordioso jardinero que no quiebra la caña cascada por el viento sino que le da una nueva oportunidad de vivir, que remueve la tierra de la higuera y poda la vid para que dé mucho fruto, la iglesia crece y se desarrolla con una finalidad muy definida: que dé frutos, porque en ello el Padre es glorificado (Juan 15:8).

Así como no se cosechan uvas de los espinos ni higos de los cardos (Mateo 7:16) y por los frutos se puede conocer la planta, los frutos también determinarán el valor de las flores que tanto embellecen una planta. Muchos de los dones que tanto se promueven y exaltan se pueden conocer por los frutos que producen para la iglesia y para el mundo. No todas las flores terminan en frutos. Es sorteando los vientos, los insectos, las aves, y las pruebas de la vida que la flor genera un fruto en virtud de la acción del Espíritu de la vida. Quien no está dispuesto a sufrir, no traerá fruto, así como el grano que no muere no producirá mucho fruto, sino que quedará solo (Juan 12:24).

¡Qué hermosos son los frutos que traen vida! Aunque para llegar a ello debieron pasar por muchas pruebas y dificultades; luchas personales por hacer primar el amor a Dios y al prójimo por sobre los deseos de satisfacción personal. Aunque para madurar debieron renunciar a las glorias, los aplausos y la gratificación de este mundo. Aunque para llegar a obtener la dulzura interior debieron permanecer sumisos a la palabra de Dios y a la comunión con sus hermanos en la fe, que quizás no tenían las mismas intenciones. Aunque para lograr el tamaño debieron persistir en el servicio bajo soles y lluvias, plagas y enfermedades, confiando que valía la pena el sacrificio.

Soneto (Francisco Luis Bernández)

Si para recobrar lo recobrado,
Debí perder primero lo perdido,
Si para conseguir lo conseguido,
Tuve que soportar lo soportado.

Si para estar ahora enamorado.
Fue menester haber estado herido,
Tengo por bien sufrido lo sufrido,
Tengo por bien llorado lo llorado.

Porque después de todo he comprobado
Que no se goza bien de lo gozado
Sino después de haberlo padecido.

Porque después de todo he comprendido
Que lo que el árbol tiene de florido
Vive de lo que tiene sepultado.

¿Cuál es el propósito que tenemos a la hora de anhelar un don? ¿El servicio al Señor de acuerdo a su voluntad o de acuerdo a lo que nos gustaría hacer? ¿Sin sacrificios? ¿Con un buen reconocimiento? Quizás no hemos extendido nuestras raíces lo suficientemente profundas para conocer el amor de Dios allí reservado para nosotros. Quizás no hemos extendido nuestras ramas lo suficientemente altas como para alcanzar la luz del amor de Dios. O tal vez no nos hemos animado a extender nuestro tronco a lo largo y a lo ancho para comprobar la fortaleza y la extensión del amor de Dios.

Sólo así podremos hacer frente a todas las pruebas internas y externas que nos irán ocurriendo y que seguramente nadie puede prevenir, atravesándolas en el momento que ocurran afianzados en el amor que fue derramado por el Espíritu Santo en nuestro interior. Por eso:

"Si comienzas a tener miedo de no que te quieran;

si comienzas a pensar que aquellos que te querían ya no sienten por ti lo que sentían;

si comienzas a sentir que perdiste la popularidad;

si comienzas a temer que otros acaben por ocupar el lugar que fue tuyo;

si a la noche te vas a dormir con miedo a despertarte menos amado y cuando te levantas tienes prisa por encontrar a los que deben darte el afecto que te falta, y al encontrarlos, continúas sintiendo que ya no es como solía ser;

si vives constantemente preocupado por agradar a todos y no soportas la idea de que alguien no sienta por ti nada especial,

si percibes que las personas aceptan tu compañía, pero no hacen hincapié en ella;

si vives analizando a los que dejaron de buscarte, a los que te buscaron, pero se fueron sin demostrar nada especial, a los que juraron que todo estaba bien y nunca más volvieron a conversar contigo;

si notas que tienes necesidad de reconocimiento por el bien que esparces y te quedas herido y apenado cuando alguien no te agradece ni te elogia o se inclina servilmente a brindarte mil loores...

Toma vacaciones y vete a rumiar solo tu derrota moral: es que habrás perdido de vista el verdadero objetivo de tu apostolado."

(Padre Zezinho – Cristo me dejó preocupado).

Tratemos como creyentes y como iglesia de Cristo de no perder nunca de vista (aunque no las veamos) sobre quién están nuestras raíces, hacia quién se extienden nuestras ramas, para que nuestros frutos siempre resguarden la sana semilla del evangelio y sirvan al mundo para mostrar la nueva vida.

La función de la iglesia

La iglesia que Dios ha diseñado y que se describe en las Escrituras como pueblo, familia, nación, esposa, templo, o cuerpo, siempre destaca la composición múltiple de la misma. La iglesia como asamblea o reunión de creyentes se compone de todos aquellos a quien Dios ha llamado, si bien pueden existir en la misma quienes participan de ella con otras motivaciones. Por ello, la iglesia y todo lo que en ella se hace es responsabilidad de todos, y todos los miembros de este cuerpo tienen que ver con todos los aspectos de la iglesia. Todo lo que se hace en ella tiene que ver con todos y debe ser para el beneficio de todos.

La función de la iglesia es la de ser un lugar en el cual cada creyente tenga la oportunidad y la libertad de ser, a su manera, un ministro del evangelio de Jesucristo de acuerdo a los dones que ha recibido. Por ello cada miembro debe estar consciente de que la iglesia es de Cristo y de que todos están bajo la dirección de esa cabeza en primera y principal instancia. En Cristo somos uno y todo lo que hacemos sea como fuere es para el engrandecimiento de su reino y la salvación de la humanidad.

Si bien determinados dones y ministerios conciernen más a la vida de todos los días que a las reuniones de la iglesia, y otros se ejercen prioritariamente en las reuniones de la iglesia, todos los ministerios pertenecen a todos, porque todos contribuyen a la edificación del cuerpo de Cristo. No existen jerarquías ya que lo esencial es que cada uno en su lugar cumpla con el ministerio correspondiente a sus dones. Las responsabilidades son diferentes, pero el valor delante de Dios el mismo.

Es por esta razón que debe enfatizarse siempre en la iglesia, más allá de la diversidad de los dones y las particularidades de cada creyente, el hecho de que todo lo que se hace afecta a todo el cuerpo, y es parte de la tarea del cuerpo. Cuando los ministerios comienzan a fragmentarse entre sí, ya sea porque se da más importancia a unos que a otros, como también porque algunos ya tienen más "historia" que otros la iglesia deberá realizar un autoexamen y buscar nuevamente la unidad. Si comienza por considerar imprescindibles algunos dones y ministerios terminará por perder otros por no darles el debido espacio.

Es muy difícil desarrollar una iglesia basada en los dones con las comunidades extra grandes que tenemos hoy en día, donde los pastores navegan de un lado al otro y no logran acompañar ni capacitar a los santos para la obra del ministerio. Es necesario volver a pensar en nuestras comunidades y adecuarlas a la palabra de Dios, de lo contrario, tener una iglesia participativa que trabaje como un cuerpo será sólo una teoría totalmente alejada de cualquier posible puesta en práctica.

El sacerdocio universal de los creyentes

El sacerdocio universal de los creyentes no es una expresión bíblica. Fue creada por Lutero quien la utilizó por primera vez en 1520 en su escrito "A la nobleza alemana" como fórmula polémica contra la concepción romana y sacerdotal del ministerio. Su fundamento bíblico se encuentra en 1 Pedro 2:4-9 y sostiene que:

- Cada creyente puede acercarse directamente a Cristo la piedra viva.
- Cada creyente se ha convertido por medio del nuevo nacimiento en una piedra viva (1 Pedro 2:4-5).
- El conjunto de los creyentes constituyen la "casa espiritual", es decir, el templo de Dios del nuevo pacto.
- Todos son exhortados a edificarse mutuamente.
- Todos tienen parte en el santo sacerdocio, cumplen con la vocación del pueblo de Dios.
- Todos son exhortados a ofrecer sacrificios espirituales, oraciones de alabanza y acción de gracias, y servicios prácticos para ayudar a los demás.
- Todos deben anunciar las virtudes de aquel que los salvó.

El ministerio sacerdotal de todos los creyentes concierne a Dios, por la alabanza; a la iglesia por el ministerio de la Palabra para edificación y evangelización. Pero no son los creyentes aislados sino el pueblo como colectividad el que cumple el ministerio.

¿En qué consiste el servicio de los sacerdotes del Nuevo Pacto?

- En la consagración de nuestra vida entera a Dios (Romanos 12:1). El sacerdote en primer lugar, se ofrece él mismo a Dios.
- En un sacrificio de alabanza (Hebreos 13:15). Esta adoración puede subir a Dios desde el secreto aposento interior o desde el templo en la comunidad de los creyentes.
- En la intercesión por todos los hombres a través de la oración, en especial por los otros creyentes (1 Timoteo 2:1).
- En el anuncio del evangelio, como testigos de Jesucristo (Romanos 15:16).
- En la edificación mutua con nuestros hermanos en la fe. Los creyentes deben servirse unos a otros por medio de la enseñanza y la ayuda que se pueden aportar mutuamente en búsqueda de la voluntad de Dios.
- En el hacer el bien, y la liberalidad de la ofrenda (Hebreos 13:16).
- En la práctica de los distintos dones para el servicio (Romanos 12:6-8).

En la iglesia Dios ha previsto una labor para cada miembro del cuerpo. La descubrimos cuando nos entregamos por completo a Dios y estamos disponibles para cualquier oportunidad de servicio. En el sacerdocio universal de los creyentes todos somos llamados a hacer lo mismo en tanto que en el ministerio universal cada uno sirve a Dios de un modo diferente de acuerdo a los dones que ha recibido de Dios mismo.

El sacerdocio de los creyentes no es un programa suplementario que puede añadirse al ministerio de un pastor. Este sacerdocio es el ministerio bíblico de la iglesia. Nadie es un pasajero; todos forman parte de los tripulantes. Esta doctrina desarrollada por Lutero a partir de las enseñanzas de la Biblia pretende la participación de todos los creyentes en el ministerio de la iglesia.

Siempre ha sido un desafío y una meta a alcanzar, incluso dentro de las mismas iglesias, el adherirse a esta teología de Lutero. Esto no significa que el sacerdocio de los creyentes sea una utopía, sino que requiere que los creyentes tengan la madurez espiritual para asumirla en tanto que los líderes y pastores aprendan el arte de desarrollar los dones de los creyentes. Sin embargo, a lo largo de los años, la falta de conocimiento acerca de la labor del Espíritu Santo y su lugar en la santificación del creyente como en la concesión de dones y frutos también contribuyó a que el sacerdocio universal de todos los creyentes fuese más una teoría que una realidad en las congregaciones cristianas.

Los cambios siempre suelen ser difíciles. El creyente lee la Palabra y reconoce sus errores y su necesidad de cambiar. Conoce el perdón, sabe de la fuerza del Espíritu, ora, pero igualmente le cuesta cambiar. Hasta que el Señor no interviene, ningún cambio ocurre en su vida. Así también sucede con la iglesia. Sabe lo que no está bien, conoce el modelo de iglesia que Dios diseñó, pero no sabe qué hacer, cómo cambiar. Teme romper con las estructuras que no son funcionales, reconocer las equivocaciones, romper con los paradigmas establecidos.

Dios también lo sabe y su misericordia es infinita, por eso, a pesar de nuestra deficiencia ha continuado su obra en la tierra. Esto no es un consuelo para continuar igual, sino para reconocer en quién reside nuestra fortaleza. En la relación más íntima y profunda con el Creador podremos encontrar "el valor para cambiar las cosas que podemos; la serenidad para aceptar las cosas que no podemos cambiar, y la sabiduría para reconocer la diferencia" (Reinhold Niebuhr).

La iglesia: ¿un organismo o una organización?

Si entendemos la iglesia únicamente como un organismo, crecerá y se desarrollará por sí misma. Cualquier intervención humana sería inútil y nociva. Debemos dejar que el Espíritu Santo la construya como él quiere. Si entendemos la iglesia únicamente como una organización, como cualquier otra sociedad humana, su distribución y armonización se deberán a la estructura que nosotros le demos, a los órganos que la dirijan y a los reglamentos internos que se elaboren para su dirección. Pero la iglesia es tanto un organismo vivo como una organización. La Biblia usa imágenes de organismos vivos para describir a la iglesia como la viña, el cuerpo, la planta que crece, pero también la describe como organizaciones como un reino, un templo, o un edificio.

La vida es más importante que la organización, pero una vida desorganizada puede dejar de ser realmente vida. Nuestra meta como iglesia siempre debe estar en engendrar y desarrollar la vida, y no en reproducir organizaciones. La organización de una iglesia local es sólo un medio para alcanzar un objetivo y por eso es necesario evitar el sobrevalorar la organización sobre el organismo, como también lo es olvidarse de la organización por sobrevalorar el organismo.

El énfasis en el crecimiento de la iglesia ha instado a algunas congregaciones a apurar su desarrollo creando organizaciones que aún no estaban en condiciones de asumir. Así como a veces hay personas que queman etapas de su vida, que hacen cosas de adultos antes de tener la edad, el desarrollo y la madurez para responsabilizarse por ellas, así también existen iglesias que se "meten en camisa de once varas" y adoptan organizaciones y estructuras las cuales aún no pueden sostener, no quizás por la falta de dones, sino por la falta de madurez y consagración cristianas. Hoy en día hay muchas vidas trastornadas porque se permitieron saltar etapas, a veces lamentablemente motivados por otros adultos que no supieron valorar las etapas que requiere cualquier maduración. Lamentablemente esto ha ocurrido con muchos ministerios e incluso con iglesias enteras.

Lo que está vivo, está organizado: los órganos y partes del cuerpo no se disponen a su antojo en el cuerpo, sino que ocupan un sitio que les corresponde para cumplir mejor con su función. La vida engendra su propia organización. La organización crece cuando la vida se desarrolla. En el cuerpo, la diferenciación entre los órganos ocurre por sí sola al ir creciendo y debido a las nuevas necesidades que se presentan. De esta manera crece el cuerpo humano, desde la primera célula hasta alcanzar la madurez. Así también se desarrollaron orgánicamente en la iglesia los distintos ministerios.

El Señor espera que su iglesia ordene su vida obedeciendo a los principios que le han sido transmitidos. Si bien las Escrituras nos orientan para ordenar la iglesia, no todo está prescripto con antelación. En muchos casos, la Biblia ya ha previsto la manera en que se debe actuar, en otros, podemos ver las intenciones del Señor analizando situaciones parecidas, y regular las cuestiones contemporáneas según la analogía de la fe. La iglesia debe ser fiel a su Señor sometiéndose a su voluntad.

La vida orgánica es el modelo de organización de la iglesia. Al igual que el cuerpo, la iglesia es una entidad indivisible, completa en sí misma, y en la cual la vida depende de la relación entre los órganos. Al igual que el cuerpo, es una unidad organizada, bajo la dirección de la cabeza. Por lo cual según la situación de nuestra iglesia tendremos que priorizar la vida o la organización de la misma para que realmente sea el cuerpo de Cristo, bien concertado y unido entre sí por las coyunturas.

Los ministerios: la mejor organización de los dones

Los ministerios son equipos de dones para un servicio determinado. Existen ministerios que atañen a la Palabra, a la adoración, al evangelismo, al servicio práctico, al liderazgo, a los medios de comunicación, y muchos otros que se pueden crear u organizar de acuerdo a la vida y desarrollo de la iglesia. No es prudente tener o crear ministerios y luego buscar los dones, aunque consideremos que sea útil contar con ese ministerio. Un ministerio que carece de los dones que lo deben conformar no producirá los frutos que se esperan del mismo. Las necesidades de la iglesia determinarán los ministerios que convengan desarrollar.

El crecimiento de una iglesia es directamente proporcional a su facultad de movilizar el conjunto de sus miembros como también al compromiso de todos los miembros sirviendo cada uno según el don que ha recibido. El principio bíblico no es la concentración de todos los servicios sobre uno o algunos hombres, ni el voluntariado de todos, sino el compromiso de cada uno según los dones que ha recibido.

Para ello es importante liberarse de la falsa escala de valores que se ha creado distinguiendo entre dones espirituales y servicios prácticos o materiales. En la Biblia no hay distinción entre dones naturales y sobrenaturales, comunes o extraordinarios, pasajeros o permanentes, orientados a cosas materiales o espirituales. El valor de cada don se mide por su utilidad en el cuerpo, por su fidelidad aún en las cosas más pequeñas. En un cuerpo, cada órgano, cada glándula, cada músculo, lleva a cabo una función indispensable para la buena salud del conjunto. En la iglesia, cada servicio, por insignificante que éste parezca, contribuye a la buena marcha del conjunto, y al crecimiento regular de la comunidad.

En algunas iglesias se oye la frase "no tenemos a nadie para hacer el trabajo"; en otras es el pastor quien debe hacerlo todo. Si bien a veces estas situaciones son ciertas, en otras responde a una falta en la búsqueda y reclutamiento de colaboradores.

Esta tarea implica en primer lugar el orar para que Dios guíe la elección de los colaboradores y las tareas que deben confiarles. Tendrán que esforzarse por conocer bien a todos los miembros de la iglesia para discernir sus aptitudes y dones. Las entrevistas y entregas de cuestionarios pueden ayudar a este conocimiento, como también la lista de actividades que necesitan ser atendidas.

Pero no alcanza con la buena disposición, también es necesario reclutar a las personas para un trabajo específico. Hoy en día solemos pedir voluntarios para realizar una tarea cuando en realidad deberíamos solicitar los servicios de aquellas personas en las cuales hemos discernido los dones necesarios para poder realizarla.

El acompañamiento o adiestramiento tiene mucha importancia y por ello no debemos minimizar el trabajo. Frases como "esto no tomará mucho tiempo"; "no es tanto el trabajo que tienes que hacer" o "no tenemos a nadie ¿puedes hacerte cargo hasta que encontremos a otro para reemplazarte?" no son útiles ni ciertas ya que desestiman el trabajo y a la persona que lo realizará.

Tampoco es necesario cubrir estas necesidades de prisa exigiendo una respuesta inmediata. Se puede fijar una entrevista y hablar detenidamente sobre el tema, dar información precisa sobre la tarea y fijar una fecha para la respuesta. Luego será necesario un período de formación junto a los que actualmente realizan este trabajo.

Las entrevistas y cuestionarios permiten conocer los gustos de los miembros, sus aptitudes y qué servicios estarían dispuestos a llevar a cabo.

Es importante repartirlos periódicamente ya que las posibilidades y disponibilidades varían de año a año. La disposición esencial para descubrir su ministerio en la iglesia es la disponibilidad o disposición interior.

Toda esta manera de trabajar requiere de tiempo y de mucha paciencia y no es conveniente que la desarrolle sólo un líder o pastor sino un cuerpo colegiado convencido de que esta es la voluntad de Dios para su iglesia. El resultado rara vez es totalmente satisfactorio ya que no todo el que está en la iglesia es parte de la misma. Entre el trigo también hay cizaña. Pero esto no debe desanimarnos. Lo importante es que todos los que hagamos el trabajo que el Señor nos ha encomendado de la manera más fiel, porque en definitiva eso es lo que él espera de cada uno de nosotros. Él conoce nuestras capacidades y de acuerdo a ellas nos repartió los talentos que tenemos. Lo que mejor nos hace es oír sus palabras:

> "¡Hiciste bien, siervo bueno y fiel! Has sido fiel en lo poco; te pondré a cargo de mucho más. ¡Ven a compartir la felicidad de tu Señor!" (Mateo 25:23)

Preguntas para reflexión

1) La iglesia como un jardín. ¿Qué son los frutos? ¿Qué frutos se observan en tu congregación? ¿Crees que es posible que el mundo encuentre en esos frutos la presencia de Cristo? ¿Qué cosas agradecerías al jardinero, y qué cosas le pedirías que mejore de este jardín?

2) ¿Cómo explicarías brevemente en qué consiste la doctrina del sacerdocio universal de los creyentes? ¿Cómo era la iglesia en los tiempos en que Lutero escribió esta doctrina y con qué iglesia soñaba? ¿En qué ámbitos deberían ocurrir algunos cambios para que la congregación se asemeje más a esta iglesia soñada: en los creyentes o en los líderes de la iglesia?

3) ¿A qué se asemejan más tu congregación: a un organismo o a una organización? ¿Qué estructuras suelen impedir un mejor desarrollo de la vida cristiana? ¿Qué vivencias necesitarían organizarse para que no terminen resultando contraproducentes?

4) ¿Con qué ministerios o áreas de servicio cuenta tu congregación? ¿Participas con tus dones de alguno de ellos? ¿Crees que se necesitarían organizar otros ministerios? ¿Cuáles serían y a qué necesidades responderían?

5) Agradece a Dios por sus dones, por su iglesia, y por los espacios de servicio que hay en la comunidad. Ora por los creyentes que aún no han puesto sus dones al servicio del Señor.

Conclusión

La gracia de Dios es algo maravilloso. Nunca terminaremos de sorprendernos por la maravilla de su creación, lo impactante y profunda que es su salvación, y lo creativa y divertida que es la nueva vida de santificación. Tenemos un Dios admirable que hace cosas extraordinarias.

Y estas cosas no suceden porque sí. Nosotros participamos de cada una de ellas. Somos parte de su creación, somos únicos y especiales, dotados de pensamientos y sentimientos imposibles de reproducir. Somos parte de su redención, por cada uno de nosotros Cristo dio su vida. ¡Tanto valemos para Dios que no quiere que ninguno se pierda, sino que todos tengan vida eterna! Y ahora somos parte de una nueva vida, con una nueva familia de fe en la que el Espíritu desarrolla nuevas y sorprendentes virtudes que terminan impactando al mundo que nos rodea.

Sin embargo, la pregunta es: con un Dios tan maravilloso ¿puede nuestra vida caer en la monotonía, la rutina y el aburrimiento? ¿Es acaso que nuestra relación con Dios no es todo lo que pudiera ser? A veces nos quedamos a medio camino en nuestro conocimiento; esto nos hace funcionar a media marcha, y quedarnos en la mitad de todo lo que Dios quería hacer en nuestra vida.

Tenemos un Dios maravilloso: Padre, Hijo, y Espíritu Santo. Sin embargo no lo conocemos plenamente, y en especial en lo que tiene que ver con nuestra realidad actual como iglesia. Nos falta conocer mejor al Espíritu Santo, su obra en el creyente y en la iglesia toda. Nos falta disfrutar de su presencia, anhelar su guía, y encaminar nuestros pasos de acuerdo a su voluntad.

Es el Espíritu Santo quien provoca la fe en nuestra vida y la desarrolla por medio del ejercicio de los dones, para que nuestra vida no quede ociosa y sin frutos, para que brille, impacte, perfume, y atraiga; para que el mismo Espíritu produzca en ella los frutos del amor que tanto necesita nuestra vida y la de toda la humanidad.

Aunque hay tanto para hacer, y habiendo tantas bendiciones para compartir, algunos creyentes aún no han encontrado sus dones. Quiera Dios que en algo este libro ayude a descubrirlos y movilizarlos, que desafíe a los lideres y pastores a promover el sacerdocio de todos los creyentes involucrando a cada uno en los ministerios que sean necesarios.

Un mundo atento observa el jardín de Dios en busca de frutos que realmente alimenten sus almas. En esos frutos se oculta la semilla más valiosa que Dios ha provisto: el evangelio. La misión no es un imposible, sólo necesitamos dejarnos guiar por el Espíritu Santo que Dios puso en nuestros corazones.

Bibliografía

- Sociedad Bíblica Internacional, *Santa Biblia, Nueva Versión Internacional*, Miami, Vida, 1999.

- Alonso, Horacio, *El don del Espíritu Santo*, Barcelona, Clie, 1992.

- Fasold, Jaime, *Dones Espirituales*, Grand Rapids, Michigan, Portavoz, 2000.

- Küen, Alfred, *Ministerios en la Iglesia*, Barcelona, Clie, 1995.

- Gattinoni, Carlos T., *El don del Espíritu*, Buenos Aires, La Aurora, 1978.

- Chaves, Silvia y Harrower, Juan, *Dones, un cuerpo en misión*, Villa María, Córdoba, Certeza Abua, 1990.

- Hayford, Jack W., *Biblia Plenitud*, Nashville, Caribe, 1994.

- Caribe, *Biblia del Diario Vivir*, Nashville, Caribe, 1997.

- Nelson, Wilton M, *Nuevo Diccionario Ilustrado de la Biblia*, Nashville, Caribe, 1998.

- Vine, W. E., *Vine Diccionario Expositivo*, Nashville, Caribe, 1999.

- Hayford, Jack W, *El pueblo del Espíritu: dones, fruto y plenitud del Espíritu Santo*, Nashville, Caribe, 1994.

- Sopena, Neofons, *Diccionario Enciclopédico Sopena*, Barcelona, Editorial Ramón Sopena, 1977.

- Ediciones Certeza, *Nuevo Diccionario Bíblico*, Buenos Aires, Certeza, 1991.

- Hoerber, Robert G., *Concordia Self-Study Bible*, Saint Louis, CPH, 1984.

- Padre Zezinho, *Cristo me dejó preocupado*, Santiago, Paulinas, 1989

vidas.

CPSIA information can be obtained
at www.ICGtesting.com
Printed in the USA
FFOW05n0622301215

9 780758 617521